Entrenamientos de fútbol.
2 libros en uno.

Chest Dugger

Ejercicios de fútbol

100 Ejercicios de Fútbol, Estrategias y Habilidades para Mejorar su Juego

Chest Dugger

Tabla de Contenidos

Tabla de Contenidos 3
Regalo incluido 5
SOBRE EL AUTOR 6
DESCARGO DE RESPONSABILIDAD 8
Introducción 9
Aspectos más importantes del fútbol para el individuo 13
Aspectos más importantes del fútbol para el equipo 21
Mantener la posesión 26
Habilidades de Pases Cortos 37
Tiros 46
Pases largos 54
Driblar 63
Aptitud física 67
Comunicación 74
Toque en equipo 81
Intercepciones de equipo 89
Posesión 97
Palabras finales 104
Sección de Regalo 107
Book 2 108

DESCARGO DE RESPONSABILIDAD 110

Introducción 111

Ejercicios para desarrollar un buen toque en primera en el espacio 122

Movimiento sin el balón 157

Ejercicios para mejorar el movimiento sin el balón 162

Elegir entre pases 181

Ejercicios para mejorar los pases inteligentes 186

Predecir el paso del oponente 198

Ejercicios para mejorar la intercepción de un pase 201

Bonus - El mejor simulacro de todos los tiempos 213

Conclusión 219

Regalo incluido

Como parte de nuestra dedicación para ayudarle a tener éxito en su carrera, le hemos enviado una hoja de ejercicios de fútbol gratis. Esta es la hoja de ejercicios "Hoja de Trabajo de Entrenamiento de Fútbol". Esta es una lista de ejercicios que puede utilizar para mejorar su juego, así como una metodología para hacer un seguimiento de su rendimiento en los ejercicios del día a día. Queremos llevarle al siguiente nivel.

Haga clic en el enlace de abajo para obtener los ejercicios gratuitos.

https://soccertrainingabiprod.gr8.com/

SOBRE EL AUTOR

Chest Dugger es el seudónimo de nuestro equipo de entrenamiento de fútbol, Abiprod. Abiprod es un equipo de apasionados entrenadores profesionales y aficionados, con sede en el Reino Unido y Australia. Puede visitarnos en www.abiprod.com

Hemos sido aficionados al deporte rey durante décadas, entrenando a equipos juveniles y senior. Como todos los aficionados al fútbol en el mundo, vemos y jugamos este hermoso deporte tanto como podemos. Tanto si somos seguidores del Manchester United, el Real Madrid, el Arsenal o Los Ángeles Galaxy, compartimos un amor común por el deporte rey.

A través de nuestras experiencias, hemos notado que hay muy poca información para el aficionado común al fútbol que quiere elevar su juego al siguiente nivel o que sus hijos empiecen en el camino del fútbol. Este es especialmente el caso de aquellos que viven fuera de Europa y América del Sur. El entrenamiento y la metodología de fútbol de calidad son bastante raros incluso en países ricos como EE. UU. y Australia.

Siendo apasionados por el juego, queremos hacer llegar el mensaje al mayor número de personas posible. A través de nuestro blog de entrenamiento de fútbol, libros y productos, nuestro objetivo es llevar lo mejor del entrenamiento de fútbol al mundo. Aunque estamos empezando en Estados Unidos y Australia, cualquiera que sienta pasión por el deporte rey puede utilizar nuestras tácticas y estrategias.

DESCARGO DE RESPONSABILIDAD

Derechos de autor © 2017

Todos los Derechos Reservados

Ninguna parte de este eBook puede ser transmitida o copiada en ninguna forma, incluyendo la impresión, electrónica, fotocopia, escaneado, mecánica o grabación sin el permiso previo por escrito del autor.

Aunque el autor ha hecho todo lo posible por garantizar la exactitud del contenido escrito, se aconseja a todos los lectores que sigan la información mencionada en el presente documento bajo su propio riesgo. El autor no se hace responsable de ningún daño personal o comercial causado por la información. Se anima a todos los lectores a buscar asesoramiento profesional cuando sea necesario.

Introducción

Ya sea conocido como fútbol o, como en los Estados Unidos, fútbol, el "deporte rey" es el deporte más popular del mundo. Los mejores jugadores ganan millones de dólares al año, y los mejores clubes son iconos en sus regiones. A los niños les encanta ponerse unas camisetas y divertirse. Es, a nivel mundial, el deporte de equipo que tiene la mayor participación del público y, al más alto nivel, como la Copa Mundial, las mejores ligas y las finales de copa, los partidos son vistos en directo por decenas de miles de aficionados que los animan. El apoyo sólo está limitado por el tamaño del estadio, con decenas o incluso cientos de millones de personas siguiendo a su equipo en la televisión.

Por lo tanto, no es de extrañar que tanta gente ame el juego y quiera ser el mejor en él. Los jóvenes sueñan con convertirse en los próximos Pelé, Messi, Maradona o Ronaldo. Este libro ofrece a entrenadores y jugadores una idea de cómo convertirse en un mejor jugador de fútbol. Hay capítulos sobre el papel del individuo en este juego de equipo, y el papel del equipo en un deporte iluminado por la brillantez de los individuos. Hay ejercicios para ayudar al jugador y a su equipo. De hecho, son los ejercicios los que llevan a los jugadores a convertirse en expertos, tan buenos como pueden ser. Los ejercicios toman los componentes individuales del fútbol y permiten la práctica en un ambiente libre de presión, o en un entorno de presión controlada.

Imagine que un partido de fútbol es como un examen de literatura inglesa. Para ese examen, se le enseña la información que necesita saber; usted practica el uso de ese aprendizaje en exámenes, discusiones y ensayos. Usted trabaja en ello por su cuenta, asegurándose de que su mente está lo suficientemente en forma para afrontar el reto del examen final.

Lo que usted no quiere en lo absoluto es aprender nuevos conceptos bajo la presión de una sala de exámenes. Ese es el lugar para mostrar lo que puede hacer, no para probar ideas arriesgadas.

En muchos sentidos, el deporte es lo mismo. Para el fútbol, el examen es el partido; aprender las habilidades es como comprender a Shakespeare; aplicar esas habilidades es automático en el caos del juego. Los ejercicios en los que has trabajado durante el entrenamiento te aseguran que estás lo suficientemente en forma para sobrevivir al juego de la mejor manera posible.

Y al igual que una gran obra literaria, una gran actuación futbolística se compone de elementos separados, que se combinan para producir la forma de arte que es el "deporte rey". Así como se puede examinar el carácter, la trama, el lenguaje y la metáfora cuando se estudia 'Macbeth'; una gran actuación en el fútbol está compuesta por el control, el pase, el tiro, la defensa y el trabajo en equipo.

Estos elementos pueden ser desglosados, practicados y perfeccionados durante los ejercicios de práctica . El ejercicio permite la experimentación; el fracaso y el error no importan. De hecho, aprendemos a través de nuestros errores. Hay menos presión durante un ejercicio, por lo que se puede dedicar tiempo a conseguir las habilidades individuales y los movimientos correctos que se desean. Un buen entrenador puede ayudar a un jugador a concentrarse en las áreas de debilidad. La presión puede ser introducida lentamente, y de manera controlada, intensifique la presión poco a poco para recrear condiciones más parecidas a las de la situación del partido.

Durante las sesiones de práctica, a menudo los jugadores más jóvenes (¡y probablemente más viejos!) anhelan el juego. "¿Podemos jugar un partido ahora?" es el tipo de petición que los entrenadores de los jugadores más jóvenes reconocerán fácilmente. Y eso está bien, un pequeño partido, tal vez uno que refuerce las habilidades en las que se centra la sesión de entrenamiento, y que sea un final divertido y útil para una sesión de coaching. Pero los ejercicios de juego son cruciales para ayudar a los jugadores a convertirse en lo mejor que pueden ser.

Estas sesiones de habilidades pueden centrarse en el individuo, trabajando en la técnica, quizás en grupos de dos por cuatro; también pueden ser ejercicios de grupo más grandes, o actividades de equipo completo que ayuden al entendimiento mutuo y a la coordinación.

Aspectos más importantes del fútbol para el individuo

Hay muchos elementos individuales que van juntos para formar a los mejores jugadores. Aquí vemos varias de ellos.

Uno: Actitud y compromiso

Quizás lo más importante de todo es que los mejores jugadores quieren mejorar, quieren demostrar lo que pueden hacer y quieren ganar. Colocarán al equipo por encima de ellos mismos como individuos. Trabajarán en las partes de su juego que son más débiles y tratarán de mejorarlas.

Serán líderes sobre el terreno de juego y en los vestuarios, desafiando la negatividad y animando a sus compañeros de equipo, especialmente a los más jóvenes, o a los más nuevos.

Estos atributos se combinarán para significar que obtendrán un enorme placer de jugar el juego. Cada partido, cada amistoso, cada sesión de entrenamiento será importante para ellos, y por su compromiso con ello, se convertirán en lo mejor que puedan ser. Y durante el partido, los jugadores con mejor actitud y compromiso son los que no dejan caer la cabeza cuando las cosas van en su contra, no culpan a sus compañeros de equipo o al árbitro, sino que siguen luchando, con la esperanza de dar la vuelta al partido.

Este es el tipo de jugadores que a menudo terminan como capitanes. Como muchos entrenadores han dicho, los mejores equipos tienen once capitanes.

Dos: Atributos físicos y mentales

Son elementos en los que los jugadores sólo pueden trabajar para mejorar dentro de los límites de su fisiología. Los elementos físicos necesarios para un futbolista pueden dividirse en varias partes.

1.*Aptitud física*: Los niños tienden a estar naturalmente en forma; si son lo suficientemente entusiastas como para venir a entrenar, jugar en el equipo, entonces es probable que estén activos en otras partes de su vida. Lamentablemente, cuando llegamos a la edad adulta, otras demandas de nuestro tiempo causan que el estado físico se disipe . El entrenamiento regular ayudará a mantenerlo, como encontrar tiempo para trotar treinta minutos o pasar una hora en el gimnasio. Junto con el entrenamiento de fútbol y los partidos, esto ayudará al jugador aficionado a mantener una aptitud suficiente para un nivel razonable de fútbol.

2.*Altura y fuerza*: No hay mucho que se pueda hacer con respecto al primero de estos atributos más que el entrenamiento y, si el estándar es de altura suficiente, algo de trabajo en la sala de pesas del gimnasio ayudará a mejorar el segundo elemento. Aunque los mejores jugadores poseen fuerza, incluso los de menor estatura también. Por esto es cierto que el fútbol es un deporte que se adapta a diferentes alturas, formas corporales y diferentes niveles de fuerza. Después de todo, Lionel Messi, considerado generalmente el mejor jugador de los últimos cinco años, necesitó tratamiento con hormona de crecimiento cuando era niño porque era muy pequeño. Incluso ahora, jugando para el Barcelona y Argentina, compensa su diminuta estatura con su velocidad y su lectura del juego.

3.*Velocidad*: Se puede trabajar en esto con la práctica de carreras cortas, pero a medida que los jugadores mejoran pueden acomodar a la falta de ritmo con su lectura del juego. En defensa, hacer caer a un delantero y asegurarse de que se está en la mejor posición para interceptar la jugada protege la falta de velocidad pura. En el ataque, se pueden aplicar trucos similares. El delantero del Arsenal y de Francia, Olivier Giroud, está bendecido con una velocidad media para un delantero, pero sigue marcando regularmente para el club y la selección gracias a su fuerza aérea, su excelente juego de piernas y su capacidad para estar en el lugar adecuado en el momento adecuado.

4.*Tocar:* **Probablemente la parte técnica más importante de las habilidades de un jugador, la capacidad de controlar el balón rápidamente crea la oportunidad de tomar mejores decisiones, y utilizar el balón bajo menos presión. El maestro holandés Dennis Bergkamp era un ejemplo de un jugador para el cual el balón parecía pegado a sus pies; de la misma manera, su compatriota Johann Cruyff parecía tener botas magnéticas, por lo que parecía que el balón estaba pegado a él. Para estos dos grandes, jugar fútbol era más fácil porque la pelota siempre estaba allí, bajo su control. Tenemos un capítulo de ejercicios que ayudará a los jugadores a desarrollar su toque.

5.*Lectura del Juego*: Este es un concepto bastante difícil de definir. Tal vez sea mejor explicarlo como, esa cualidad de predecir dónde termina el balón, y los movimientos que los jugadores - colegas y oponentes - harán. Como habilidad, es en parte innata, en parte aprendida a través de la experiencia y en parte practicada a través de los ejercicios. Defensivamente, permite que los jugadores aparezcan en el momento adecuado; ofensivamente, permite que los delanteros recojan rebotes y desvíos, o que lleguen tarde al área para terminar una gran jugada. Creativamente, conduce a la clase de paso de maravilla que abre una defensa. El gran centrocampista alemán Mesut Ozil es un ejemplo de jugador que "ve" el pase y crea así muchas oportunidades para sus compañeros.

Tres: Las habilidades para jugar en su posición.

Es evidente que las habilidades del guardameta suelen ser diferentes a las del delantero central, aunque en la actualidad se espera que la mayoría de los guardametas del más alto nivel se sientan cómodos con el pase del balón y que sean capaces de iniciar los ataques con una entrega precisa por fuera de banda. Sin embargo, incluso dentro de las posiciones de campo, hay diferencias.

Como entrenador, es importante no encasillar a los jugadores jóvenes demasiado pronto. Un gran muchacho que pueda patear el balón lejos puede parecer un jugador de medio centro ideal, pero en el plazo de un año, sus amigos pueden haberle superado en altura, y puede que haya perdido la oportunidad de desarrollar las habilidades de un mediocampista ofensivo.

Sin embargo, a medida que los jugadores crecen, muchos tenderán a derivar hacia ciertos roles de juego. Aquellos que pueden operar en varios puestos ofrecen más al equipo, pero, teniendo esto en cuenta, estas son las habilidades típicas que a menudo se buscan en posiciones particulares:

Portero: Algo de altura, una vez que se juega al nivel profesional, es importante. El buen atletismo y el manejo fuerte son otros requisitos. Un guardameta debe ser naturalmente valiente, y también debe patear bien.

Centrocampista: Una buena lectura del juego es vital, para anticipar las carreras y pases de ataque. Un poco de ritmo es una ventaja; ser bueno en el aire y físicamente fuerte son a menudo prerrequisito; la capacidad de sacar el balón de la defensa para lanzar un ataque puede convertir a un buen bloqueador en un jugador capaz de ofrecer más al equipo.

Recuperador: Un papel cada vez más importante en el fútbol moderno, y quizás uno de los más difíciles de dominar. Una recuperador es fuerte en ataque, pero también sabe defender. La velocidad es crucial, al igual que un buen nivel de forma física general. La capacidad de cruzar bien los pases es una ventaja.

Defensor: Similar a los recuperadores, pero con más énfasis en la defensa.

Mediocampista defensivo de centro (MDC): Muchos equipos juegan con uno o dos de estos jugadores. Un "buen motor", es decir, la capacidad de seguir funcionando es crucial. También es muy importante tener una idea clara del juego para saber cuándo proteger a la defensa y cuándo lanzar al ataque.

Mediocampista: Las habilidades y atributos deben ser similares a los de un MDC, pero se espera que un buen centrocampista añada goles a su repertorio también. Que tenga un buen tiro, que se ambidiestro y la capacidad de llegar tarde al área para saltar sobre un balón suelto son cualidades vitales.

Extremo: Aquí se necesita ritmo, la capacidad de golpear el balón para pasar al defensor y vencerlo con rapidez. Además, la habilidad de cruzar bien. Después de todo, no tiene mucho sentido ponerse en una posición fuerte y no ser capaz de entregar una buena pelota. Se espera que los Extremos marquen goles.

Número 10: Hoy, a menudo donde juegan los futbolistas más creativos. Habilidad en ambos pies, un ojo para un pase (y la habilidad de entregarlo), combinado con un gol regular son las expectativas para un jugador así. Una buena habilidad para regatear puede añadir una dimensión adicional, lo que provoca incertidumbre en la mente de los defensas.

Delantero central: Dos tipos distintos de jugadores permanecen en esta posición. Está el jugador fuerte y poderoso que es bueno de espaldas a la portería, que puede traer a sus compañeros de equipo con pases cortos e inteligentes y está el jugador que es fuerte en el aire. Hoy en día, los delanteros centrales son hábiles con ambos pies, con una ráfaga de velocidad y frescura ante la portería. Sea cual sea el tipo de jugador, como delantero central se espera que marque goles.

Aspectos más importantes del fútbol para el equipo

La definición de qué es lo que hace a un gran equipo de fútbol podría llevar a discusiones interminables. Es el tema de conversación en muchos bares. Si nos fijamos brevemente en algunos de los grandes, en términos de equipos, entonces está claro que surgen una serie de factores que nos ayudan a identificar las características de los mejores equipos.

Brillantez Táctica:

Los grandes equipos holandeses de la década de 1970 alcanzaron dos finales consecutivas de la Copa del Mundo, que deberían haber ganado; la selección española de la década de 2010 y el equipo barcelonés de la época jugaron de una manera que otros no pudieron contrarrestar. Los holandeses, por supuesto, inventaron el fútbol total, en el que cada jugador era capaz de desempeñarse en todas las posiciones. Quienquiera que estuviera en una posición determinada hace el trabajo requerido. Los equipos españoles y su juego de tiqui-taca o de pase corto movieron el balón tan rápido que sus oponentes no pudieron acercarse a ellos. El hecho de que estos equipos se beneficiaran de equipos de la talla de Cruyff, Messi e Iniesta añadió una ventaja adicional.

Extraordinaria delantera:

Algunos equipos han sido tan fuertes en ataque que simplemente han superado a sus oponentes. Los poderosos magiares de Hungría, que seguramente habrían ganado la copa del mundo si no hubiera sido por su gran jugador, Ferenc Puskas, 'asesinado' por un defensa alemán en una ronda anterior; el asombroso Real Madrid de los años 60 (también con Puskas, junto a Di Stefano), los brasileños de 1970, Pelé y Jairzinho a la cabeza. Sin embargo, a pesar de ser fuertes en ataque, estos equipos no eran débiles defensivamente, y el hecho de que el rival apenas tocara el balón también fue un factor de su éxito.

Excelente para todos los lados:

La Premier League inglesa es única en las grandes competiciones, ya que cada equipo es capaz de vencer a cualquier otro. Debido a las enormes cantidades de dinero de la televisión en la Premier League inglesa, incluso los equipos que terminan descendiendo regularmente derrotan a los equipos que se encuentran entre los seis primeros. No sucede lo mismo en el caso de Alemania, Italia (en menor medida) y

España, donde tal vez haya dos o tres contendientes fuertes, y tal vez tres o más que dan la sorpresa; por lo demás, simplemente no compiten con los mejores. El equipo 'Invencibles' del Arsenal de 2004, invicto durante toda la campaña, se forjó con fuerza en todas las posiciones. La velocidad de Thierry Henry, la astucia de Dennis Bergkamp, la potencia de Gilberto Silva y Patrick Viera y la calidad defensiva de Sol Campbell y Ashley Cole.

Por lo tanto, podemos ver que todos los mejores equipos fueron fuertes en todas las posiciones, incluso pueden haber sido mejores en algunas posiciones. Mantenían bien la posesión del balón, y tuvieron jugadores de especial brillantez.

Para la mayoría de nosotros, por supuesto, como entrenadores y jugadores, no llegaremos ni cerca a los niveles antes mencionados. Pero todavía queremos desarrollar nuestro juego al más alto nivel posible. Aunque no tendremos el placer de trabajar con jugadores de tal capacidad técnica, hay otros factores que poseen todos los grandes equipos, y en los que sin duda podemos trabajar con nuestros propios jugadores.

Estos son:

Comunicación

Actitud

Flexibilidad

(Más el mejor nivel de habilidad que el grupo puede alcanzar.)

La comunicación es crucial; el deporte es por naturaleza competitivo, el fútbol añade a esta competitividad desafío físico y velocidad. La comunicación añade otro aspecto a la capacidad de un jugador para leer el juego, para saber si tiene tiempo para jugar el balón o si debe patear el balón rápidamente. Les ayuda a saber lo que están haciendo sus compañeros de equipo.

La actitud, como vimos con las características individuales, es crucial. Hay que tener una mentalidad de equipo para competir lo más duro posible, para mantener la cabeza bien alta cuando las cosas van contra uno, para seguir jugando hasta el final. Muchos partidos que parecían perdidos han cambiado en los últimos diez minutos, a veces incluso en el tiempo añadido.

Por último, la *flexibilidad*. Jugar al fútbol no sólo se trata de lo que se hace como equipo, sino también de cómo juegan los rivales. Esa capacidad de adaptar la formación, de cerrarse rápidamente o de buscar el juego en el descanso marca a los equipos más exitosos de los que no lo son.

Mantener la posesión

Información general sobre los diagramas

La mayoría de los ejercicios descritos en los capítulos siguientes incluyen un simple diagrama explicativo. Para estos, los puntos (y ocasionalmente las casillas) representan a los jugadores y las líneas se refieren al movimiento de la pelota (blanco) y al movimiento de los jugadores (gris/azul). A veces, se utiliza un cuadrado para mostrar la necesidad de una cuadrícula (pintada o hecha de conos) y se añaden líneas para dividir las áreas del terreno de juego.

Posesión

El control del balón es la habilidad fundamental sin la cual ningún jugador puede ser una parte efectiva de su equipo. De hecho, en los niveles más altos, la primera cosa que un scout u observador mirará es el control de la pelota de su sujeto, a menudo referido como su "primer toque". Los mejores ejemplos de esto demostrarán lo siguiente:

• Mantener el balón cerca del cuerpo, adaptándose a la proximidad del oponente más cercano.

- Posicionar el balón de manera que pueda ser retirado fácilmente por un adversario.
- Usar el cuerpo para proteger el balón de la entrada de un adversario

A la hora de entrenar, hay ciertos puntos clave que debe enfatizar a sus estudiantes:

- Ponga su cuerpo en línea con el paso de la pelota lo más rápido posible.
- Cualquier parte del cuerpo que vaya a utilizar para controlar el balón debe relajarse ligeramente en el momento del impacto, amortiguando el balón, pero evitando que se atasque debajo, por ejemplo, del pie.
- Asegúrate de que tu cuerpo esté detrás de la pelota tanto como sea posible a medida que la controlas.

Una práctica individual en la que no profundizaremos es hacer malabares con la pelota. Esto ayuda a desarrollar la destreza, y puede ser como una actividad individual o como un reto de grupo. Por ejemplo, a los jugadores más jóvenes les encanta ser desafiados a hacer malabares con el balón diez veces sin que toque el suelo, mientras que seis jugadores pueden tratar de trabajar en equipo para mantener el balón fuera del suelo durante diez toques.

Ejercicios de práctica

Primer ejercicio: Pase Cuadrado

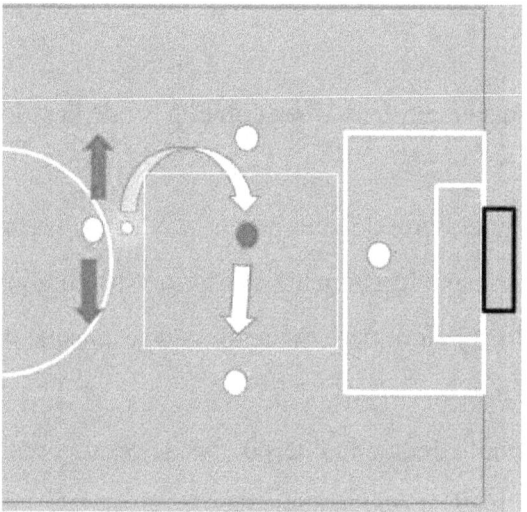

Utilizando cuadriculas (pueden marcarse con conos colocados, por ejemplo, a una distancia de ocho metros, o pueden pintarse sobre un terreno de juego):

- Coloque un jugador (mostrado abajo en blanco) en cada lado de la cuadrícula. Estos jugadores pueden moverse lateralmente a lo largo de su línea de la cuadrícula y hasta un metro detrás de ella.
- Un quinto jugador (azul/gris) está en el centro de la cuadrícula.
- Un jugador pasa la pelota al jugador azul/gris.
- El jugador Azul/Gris debe controlar la pelota y pasársela a cualquiera de los cuatro jugadores de blancos.
- Contrala el balón y luego lo pasa de nuevo a azul/gris.
- Después de un par de minutos, los jugadores rotan.

Enfatice las tres destrezas clave mencionadas anteriormente.

Desarrollo

- Comience el ejercicio con un tiro desde el jugador blanco, para ayudar a practicar el control con diferentes partes del cuerpo. Con jugadores más capaces, la cuadricula se puede ampliar, y se pueden introducir pases elevados para desafiar aún más al jugador gris. Sin embargo, en este caso se debe animar a los jugadores grises a que devuelvan el pase en el suelo.
- Establezca un número de toques para el jugador gris; por ejemplo, comience con tres, reduzca a dos y luego a uno.

• Anime a los jugadores blancos a que se muevan en sus líneas. Esto desarrolla la comunicación y también ayuda con los toques, así como anima a los jugadores grises a conseguir la posición correcta de su cuerpo tan pronto como sea posible.

Segundo ejercicio: Pase Cuadrado con los oponentes

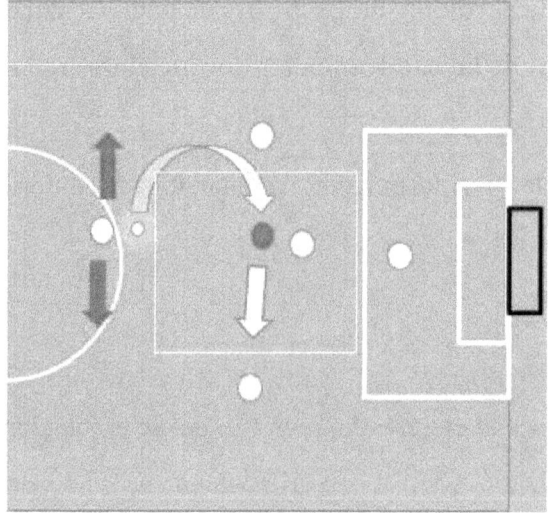

El ejercicio es el mismo que el anterior, pero se añade un sexto jugador. Este jugador se encuentra dentro de la cuadricula con el gris, y su objetivo es presionar la pelota.

Inicialmente, empiece con sólo un jugador, luego deje que el jugador defienda para ayudar a que el azul/gris desarrolle el equilibrio y se asegure de que su cuerpo está protegiendo la pelota. Finalmente, permita que el oponente intente ganar la pelota.

Aunque parece similar, este es un ejercicio mucho más desafiante.

Tercer ejercicio: Uso de todo el cuerpo

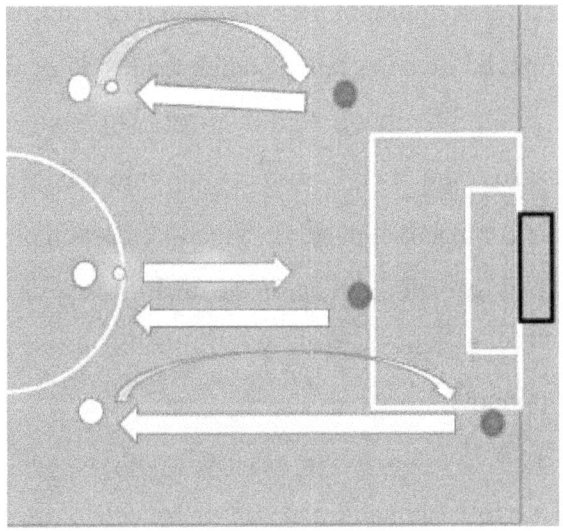

- El jugador blanco de arriba lanza la pelota para controlarla usando el pecho, el muslo y el pie levantado.

- El jugador blanco del medio está tocando el balón firmemente a lo largo del suelo, usando su empeine es un jugador bastante bueno.
- El jugador blanco de abajo está haciendo pases largos. Si estás trabajando con jugadores más jóvenes que tienen dificultades para hacerlo, pueden lanzar la pelota.
- Los jugadores azules/grises están trabajando en el control de la pelota y devolviéndola con un pase directo a su jugador blanco.
- En cada caso, los jugadores grises deben emplear las habilidades mencionadas anteriormente para controlar la pelota con éxito.
- En el primer ejemplo, al para la pelota de pecho, los jugadores deben hacer su pecho lo más grande posible, antes de relajarlo ligeramente en el último minuto para mantener la pelota cerca de ellos. El uso de los brazos para el equilibrio es muy importante con el control
- Mientras controlan el pase, los jugadores deben observar cuidadosamente el recorrido del balón, seguirlo y poner su cuerpo en línea, ya que el balón puede rebotar, y es probable que se pierda la precisión del oponente.
- En el tercer ejemplo, donde el pase ha sido levantado, el jugador gris necesita desarrollar la habilidad de tomar decisiones, aprendiendo qué parte de su cuerpo funciona mejor para él, si sus pies son descartados de la ecuación.

Desarrollo

El aumento de la distancia puede añadir un reto adicional, además de que el ejercicio puede ser desarrollado para enfatizar la práctica en la parte más débil de su control. Se puede aumentar la presión si los jugadores blancos tienen un suministro de pelotas y disparan la siguiente entrega tan pronto como la anterior ha sido tratada.

Cuarto ejercicio - Cuerpo entero bajo presión

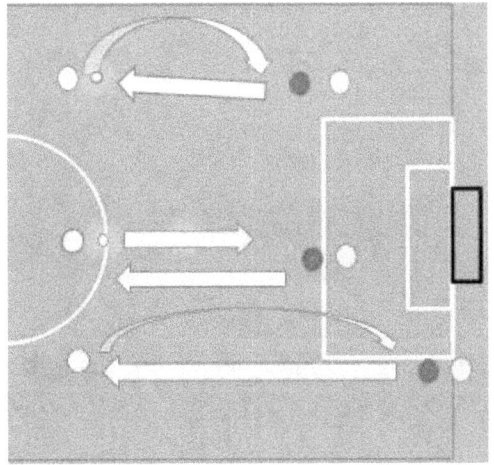

Una vez más, añadimos un oponente al ejercicio directo. Esto es especialmente útil ya que añade la dimensión de la toma de decisiones al jugador gris. Debe juzgar cuán lejos puede moverse hacia el balón y qué parte del cuerpo utilizar para controlarlo, al tiempo que se asegura de impedir que su oponente intercepte el balón o haga un tackle antes de que pueda realizar un pase con el balón.

Quinto ejercicio - Segmentos

Este es un ejercicio brillante que desarrolla muchos aspectos del juego de un individuo. Permite la comunicación, la toma de decisiones, la aprobación y la interceptación. Funciona de maravilla con la formación en grupo, así como el trabajo en equipo es crucial para jugar con éxito. Segmentar es una gran manera de terminar cualquier sesión de ejercicios. Se puede jugar con cuatro, cinco o seis jugadores en cada equipo.

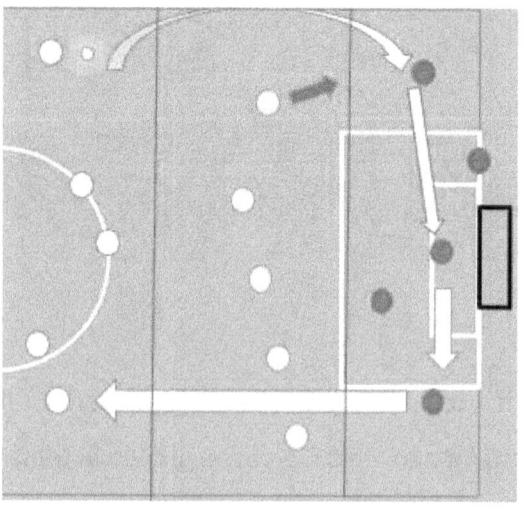

- La mitad del campo se divide en tres segmentos iguales, como se indica a continuación.
- El objetivo es conseguir que la bola pase del segmento uno (blanco) al segmento 3 (azul/gris) sin que los jugadores grises amarillos/claros del segmento dos intercepten el juego.
- La pelota debe ser pasada de nuevo del segmento tres al segmento uno.
- Si el balón es interceptado o sale del juego, entonces el equipo que cometió la falta cambia con el equipo "defensivo" que ocupa el segmento 2.
- Sólo un jugador del segmento dos puede presionar la pelota cuando está en el segmento uno o en el segmento tres.
- El control de la pelota inicial es esencial, ya que cuando el ejercicio funciona bien, el equipo defensivo aplica una presión rápida.
- A partir de ahí, corresponde al equipo crear el tiempo y el espacio para realizar un pase que cruce el segmento dos hasta el otro extremo del campo.

Desarrollo

- Permita que los jugadores que presionan intercambien de posición, para que regresen y otro jugador mejor ubicado pueda desafiar mientras el equipo intenta crear espacio para el pase. Permita que un segundo jugador presione la pelota.

- Reducir el área de juego
- Imponer restricciones para desarrollar la habilidad que se está practicando, por ejemplo, si el ejercicio va a trabajar en el control del pecho, sólo permitir pases elevados.

Habilidades de Pases Cortos

Para mayor precisión, los pases cortos se deben jugar con el empeine. Un buen consejo para entrenadores y jugadores es que siempre practiquen el pase con los dos pies, así que trabajen con el pie izquierdo y luego con el derecho.

Puntos Clave

- Acérquese a la pelota desde un ángulo de unos 30 grados.
- Acerque al balón con el pie que no patea.
- Asegúrate de que tu peso esté inclinado hacia delante, con la cabeza por encima de la pelota. De esta manera, el pase permanecerá en el suelo, lo que facilita el control de tu compañero de equipo.
- Conoce a tus compañeros de equipo, para que puedas pasar a su pie con mayor habilidad (si tienen uno).

Primer ejercicio: Paso Simple de la cuadricula

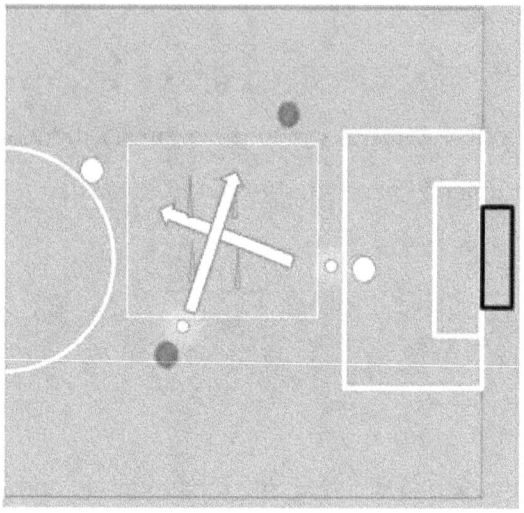

- Utilice la cuadrícula con un cuadrado más pequeño en el centro.
- Dos jugadores (gris, abajo) pasan a través de la rejilla, asegurándose de que la pelota pase por el cuadrado central.
- Una vez que se domina esto, dos jugadores más practican a través de la cuadrícula (amarillo/gris pálido, abajo). Esto significa que la sincronización del pase es importante para evitar que las bolas se golpeen entre sí.
- Para que el ejercicio sea realista, los jugadores deben estar siempre en movimiento.

Segundo ejercicio: Pase de Cuadrado

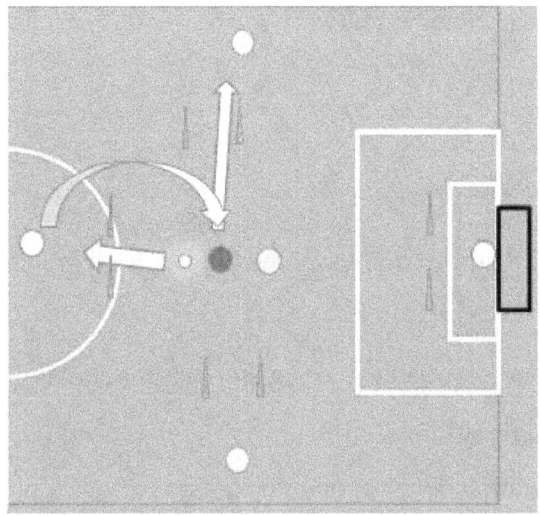

Este ejercicio es bueno para conseguir que el jugador varíe su pase.

• Marque un cuadrado aproximado con cuatro juegos de dos conos. El ejercicio es para el jugador azul/gris en el centro.

• Este jugador debe pasar la pelota a través de los conos a un compañero de equipo, pero de una manera diferente para cada uno.

• En este ejemplo, los dos jugadores blancos recibirán un pase directo a los pies, uno de ellos con el pie izquierdo y el otro con el derecho.

• Los jugadores de color amarillo/gris claro pueden realizar un pase para correr, el otro un pase levantado.

- Los jugadores de apoyo simplemente devuelven la pelota al jugador gris después de haber recibido su pase.
- Rotar periódicamente.

Desarrollo

- Los jugadores que lo reciben deciden el tipo de pase que quieren.
- La presión se añade al jugador central con el balón jugado en una variedad de formas.
- La adición de un oponente para aumentar la presión ayuda a recrear la situación del partido.

Tercer ejercicio: Uno entra, otro sale

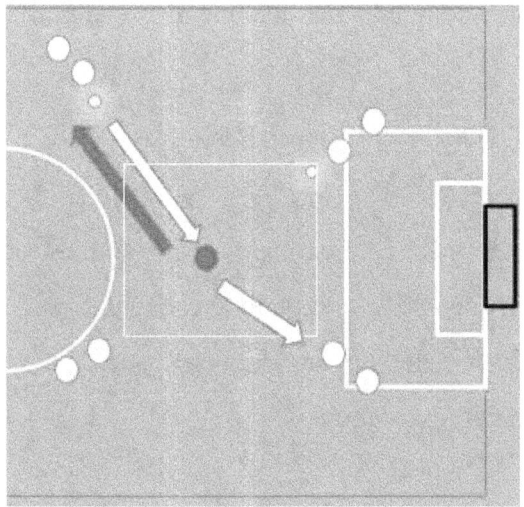

• Este ejercicio utiliza una cuadricula, se puede hacer más grande para los jugadores menos hábiles, para dar más tiempo con el balón.

• Un jugador de una esquina (blanco) juega la pelota hacia el jugador central (gris/azul). Corre tras el balón hacia el centro.

• El jugador central gira 180 grados con el balón y pasa a la esquina en la que se encuentra ahora. Sigue el balón hasta esa esquina.

• El jugador de la siguiente esquina (amarillo/gris claro) juega la pelota para que la habilidad se repita.

• La jugada continúa.

Este es un ejercicio de calentamiento muy eficaz, así como bueno para pasar el balón, ya que puede comenzar suavemente con un aumento de la velocidad a medida que los jugadores se aflojan.

Cuarto ejercicio: Pase, Pase, Dispare

Este es un buen ejercicio para mantener a los jugadores motivados, ya que a todo el mundo le encanta disparar al arco. Enfatice la importancia de mantener la pelota en el suelo para este ejercicio, hasta la etapa del tiro al arco.

(Recuerda entrenar a tus jugadores para tirar bajo a través del cuerpo del guardameta - esta es la posición más difícil de alcanzar para el guardameta, y también crea la oportunidad de rebotes si el tiro es tapado parcialmente).

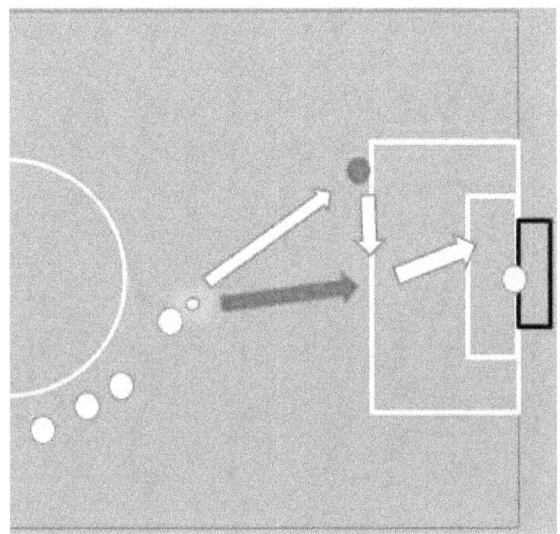

- El jugador blanco pasa al azul/gris y sigue adelante (flecha azul/gris) para el retorno.
- El jugador Azul/Gris toca con un simple uno-dos.
- El jugador blanco termina con un tiro.

Desarrollo

Empieza con dos toques y luego pasa a la jugada de un toque.

Quinto ejercicio: Recorrido de obstáculos

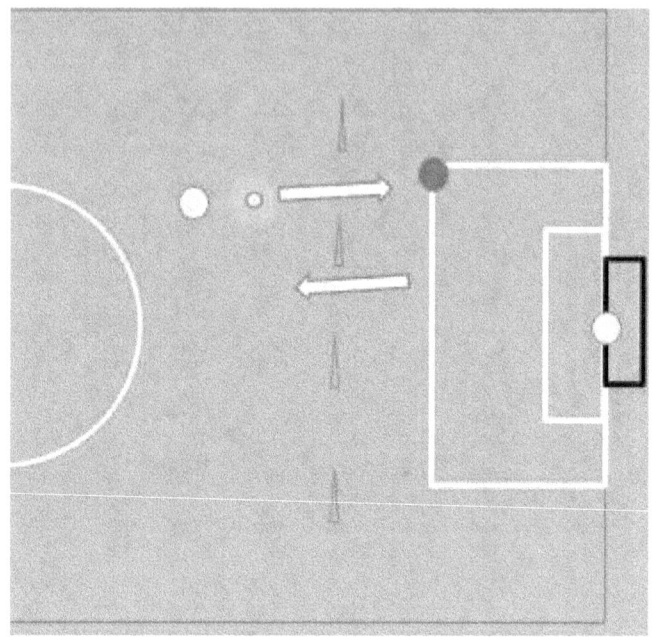

Este es un buen ejercicio de acción rápida, también es ideal para un calentamiento. El ejercicio se puede hacer más simple o más difícil colocando los conos más separados o más juntos.

- El jugador blanco pasa a través de los conos hasta el gris.
- El gris controla, cambia el ángulo y vuelve a pasar entre dos conos diferentes.

Desarrollo

El ejercicio puede ser desarrollado mediante la adición de un defensor que corre paralelo a los conos, que tiene como objetivo interceptar los pases. En este caso, los otros jugadores deben trabajar juntos para hacer ángulos que permitan pasar por alto al defensor.

Tiros

Los puntos clave (para desarrollar esta habilidad) son los siguientes:

• Disparar a través de la pelota, golpeando el balón con el empeine para obtener más potencia.

• Mantener la cabeza hacia adelante y por encima de la pelota para asegurarte de que el tiro se mantenga bajo.

• Practicar con ambos pies; los mejores delanteros anotan con ambos pies.

• Apuntar a tirar al otro lado de la portería, apuntando hacia el segundo palo.

Primer ejercicio - Disparo Rápido

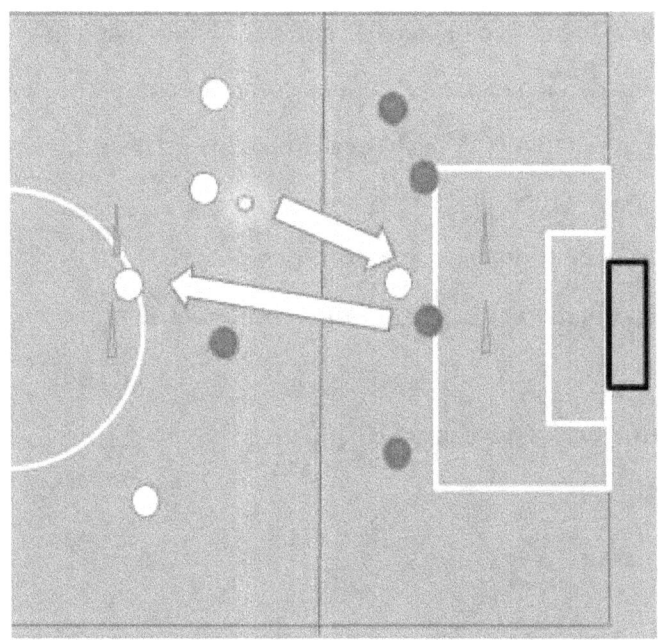

Este ejercicio de tiro de acción rápida requiere mochos balones. Es muy popular, pero necesita una cuidadosa observación ya que las pelotas vuelan rápidamente.

- Montar un mini campo con dos porterías a unos 30 metros de distancia. Asegúrese de que haya dos mitades claras en el campo.
- Coloque diez balones detrás de cada portería.
- Cada vez que se preparan con su equipo en su mitad. Se permite el ingreso de un jugador de cada lado en el campo contrario. Ese jugador está ahí para rebotes y desvíos. También puede presionar el paso de sus oponentes.

- Los jugadores blancos empiezan. Deben disparar desde su propia mitad. Tienen diez segundos como máximo para disparar.
- Inmediatamente después del tiro, los grises/azules preparan su primera bola y repiten.
- Esto continúa con intentos alternativos.
- El objetivo es disparar rápidamente desde tu propio campo.

Segundo ejercicio: Pasar y Disparar

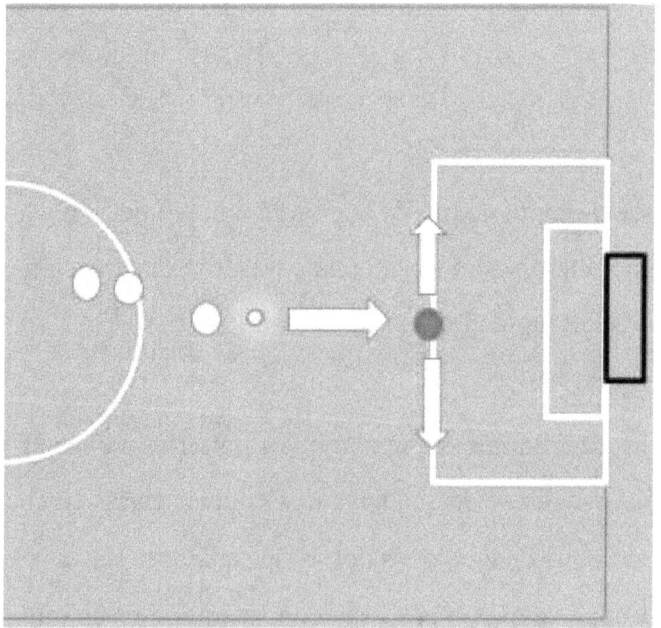

Un ejercicio simple pero eficaz. Anime realmente al jugador a tirar a través de la portería, apuntando al segundo palo. El ejercicio se puede practicar con un jugador de apoyo persiguiendo en el tiro, buscando el rebote.

- El jugador blanco pasa el balón a los pies del jugador azul/gris, y sale corriendo en la dirección de una de las flechas, indicando con una llamada, o señalando con el brazo, donde él o ella quiere el pase de vuelta.
- El jugador azul/gris realiza un pase corto.
- El blanco sigue corriendo y dispara.
- Se puede permitir un solo toque, y esto se puede desarrollar con el objetivo que el jugador dispare el balón en su primer toque.
- Asegúrese de que los jugadores practiquen usando ambos pies.

Tercer ejercicio: Dispara al primer toque

A los jugadores les encanta este ejercicio. Como entrenador, tenga en cuenta el riesgo que corre el guardameta, si utiliza uno.

Concéntrese en las siguientes habilidades.

- El delantero debe cambiar el ángulo de su carrera para crear espacio.
- El ultimo tiro debe ser el primero

- El cruce debe ser hacia atrás, sacando al portero del juego.

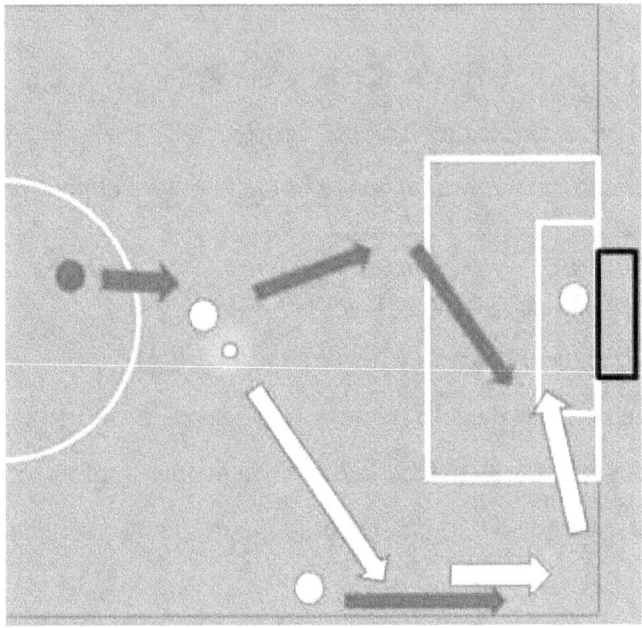

- El jugador blanco pasa el balón a su compañero de banda
- Los blancos corren hasta el poste lejano, y luego cortan a la velocidad del poste cercano anticipándose al cruce.
- Mientras tanto, el extremo blanco driblea por el ala y tira el balón por el suelo hasta el primer palo.
- El delantero blanco dispara al arco en un solo toque.

Desarrollo

Se puede añadir un defensor para probar la trayectoria del delantero. El defensor debe jugar con moderación ya que sabe la carrera que hará el atacante. Está ahí para presionar, no para ganar el balón.

Cuarto ejercicio: Girar y disparar

Este ejercicio utiliza el primer toque del delantero para crear espacio para el tiro. Tirar en la curva es más difícil que cuando se corre hacia la pelota, pero los jugadores deben tratar de mantener su peso hacia adelante, su cabeza sobre la pelota y patear con el empeine para generar energía.

El uso del defensor (jugador azul/gris) es opcional. Dependiendo del nivel de habilidad de los jugadores, el jugador puede ser pasivo o intentar detener el tiro.

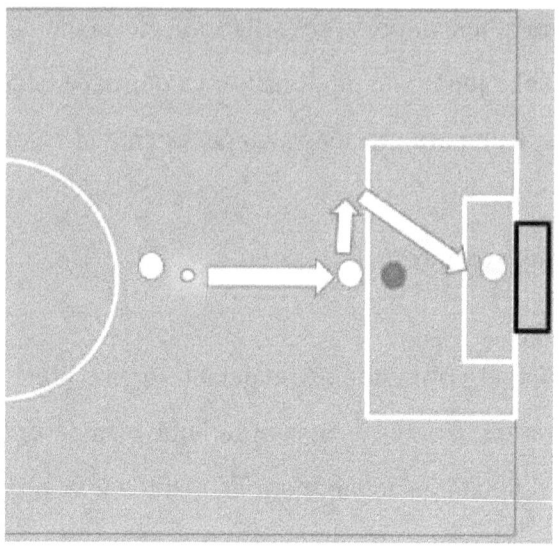

- El jugador del equipo blanco pasa la pelota en su delantero.
- El delantero controla, gira a gran velocidad, creando un poco de espacio, y dispara en su primer toque.

Quinto ejercicio: Tiro de volea

Este ejercicio puede ser adaptado por el jugador que da el pase (gris, abajo) tomando diferentes posiciones. Para mayor precisión, es mejor que el jugador en cuestión lance la pelota en lugar de cruzarla con los pies.

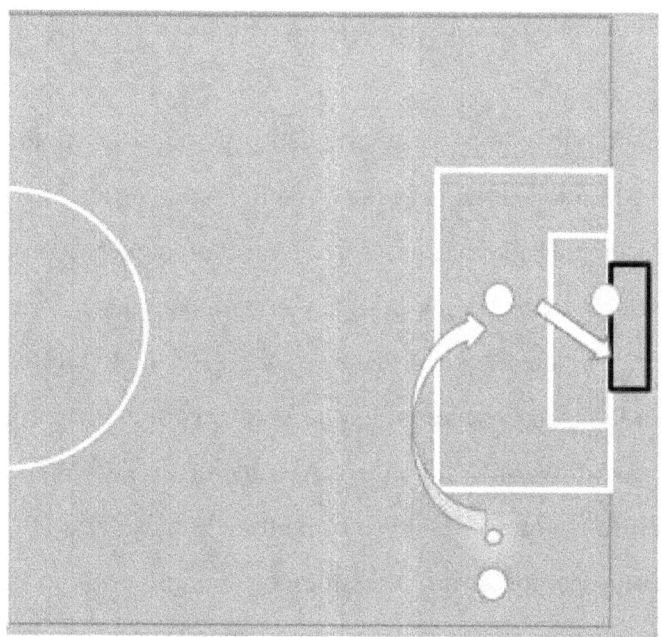

- El delantero (blanco) apunta su hombro opuesto a su pie de ataque hacia el balón, girando las caderas.
- El cuerpo se desbloquea como un sacacorchos, el pie de disparo en el aire para el tiro y los brazos hacia fuera para mantener el equilibrio.
- El ritmo del balón significa que no es necesario tirar fuerte. De hecho, el empeine se puede utilizar si la pelota está a una altura particularmente difícil.
- El objetivo es alcanzar el objetivo, el ritmo se generará naturalmente.

Pases largos

Afortunadamente, como la mayoría de los puristas dirían, los entrenadores saben que mantener la posesión del balón es la clave del éxito sobre el terreno de juego. Puesto que conserva la energía y cansa a la oposición, ya que tiene que cambiar de posición para hacer frente a los diferentes ángulos de ataque. ellos pases al ras del suelo también es más agradable a la vista. Por ejemplo, bajo la dirección del legendario Charles Hughes, exdirector técnico de la Asociación de Fútbol en Inglaterra, la teoría era que el balón se adelantara lo más rápido posible. Sin embargo, como demostraron los resultados de Inglaterra, no fue la mejor táctica, marcando uno de los períodos menos exitosos de la selección inglesa a nivel internacional.

A pesar de ello, el pase largo tiene su lugar. Tácticamente, puede dar la vuelta a las defensas, permitiendo que los delanteros rápidos se metan por detrás. Jugado por un jugador hábil, capaz de sostener el balón en alto, puede aliviar la presión y permitir un rápido descanso. Jugado en campo cruzado, puede cambiar rápidamente la dirección del ataque, haciendo que los oponentes reformen su formación defensiva.

Puntos clave de entrenamiento

- El pase a menudo tendrá que ser levantado

- Dispare con el empeine, inclinándose ligeramente hacia atrás para alcanzar la altura (si hay mucho espacio, mantener la cabeza por encima de la pelota evitará que se levante).
- Patear ligeramente por debajo de la pelota, también para ayudar a levantarla.
- Aproximación de unos 30 grados
- Poner el pie que no patea firmemente al lado del balón.
- Mantén los ojos en el balón.
- Haga un seguimiento con el pie que patea; esto generará distancia.

Primer ejercicio: Pase Corto/Pase Largo

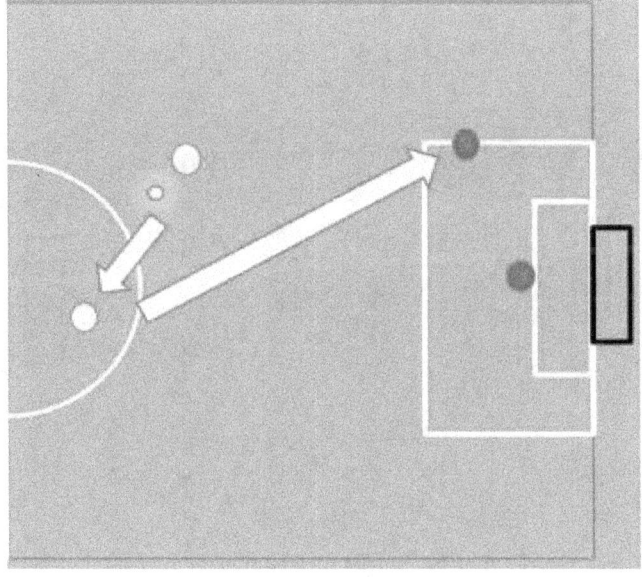

- El jugador del equipo blanco hace un pase corto a otro jugador blanco.
- El jugador blanco da un pase diagonal largo hacia el jugador azul/gris
- El ejercicio se repite

Desarrollo

La adición de un defensor puede añadir un desafío al ejercicio.

Segundo ejercicio : Pase Largo y Control

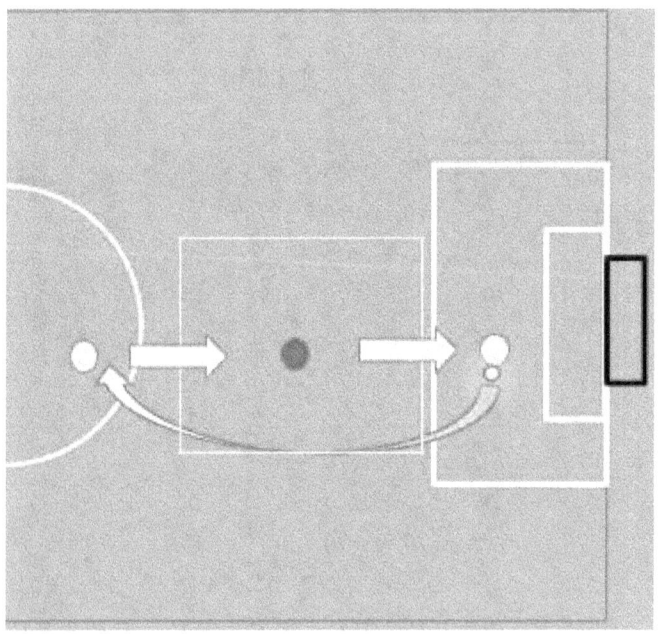

Un problema clave con el pase largo a un compañero es que es más difícil de controlar. Este ejercicio cubre ambos extremos del pase. Dependiendo de la velocidad y la habilidad, los dos jugadores finales deben estar a unos 20-25 metros de distancia.

- La pelota es jugada durante mucho tiempo por el primer jugador blanco, por encima del jugador azul/gris en la cuadrícula (o entre los conos).
- El segundo jugador del equipo blanco se pone en posición para recibir la pelota, según los ejercicios de "control" anteriores.
- Este elige si quiere pasar el balón en su primer toque al jugador gris(con la cabeza, el pecho o los pies) o si quiere controlar el balón y dárselo en gris.
- Los pases grises son para el primer jugador blanco.
- Rotar periódicamente.

Tercer ejercicio: En el espacio

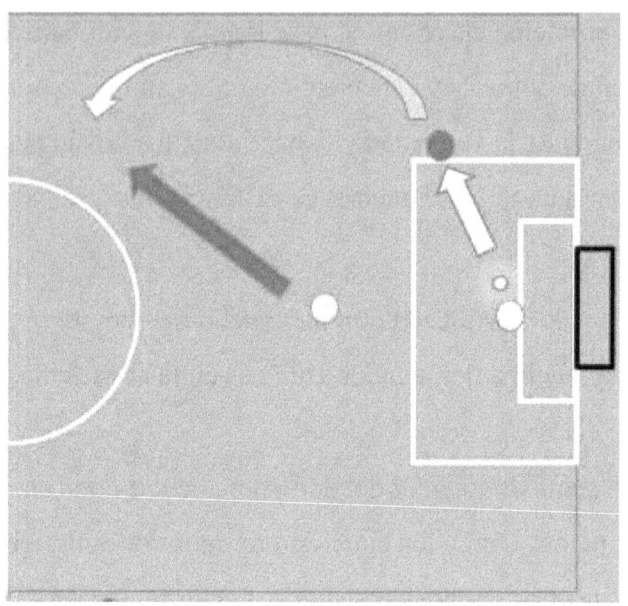

Un ejercicio útil para alejar el balón de la defensa y lanzar una oportunidad de ataque. Este ejercicio se puede utilizar en otras partes del campo, y también como pase de campo cruzado.

• Los jugadores blancos juegan un pase en cuadrado corto al jugador azul/gris.
• El jugador Azul/Gris realiza una pelota larga por la línea hacia el espacio.
• Mientras tanto, el jugador amarillo/gris claro ha anticipado la jugada y corre en ángulo. Debe partir cuando el jugador blanco comience su pase.

Cuarto ejercicio: Disparo con efecto

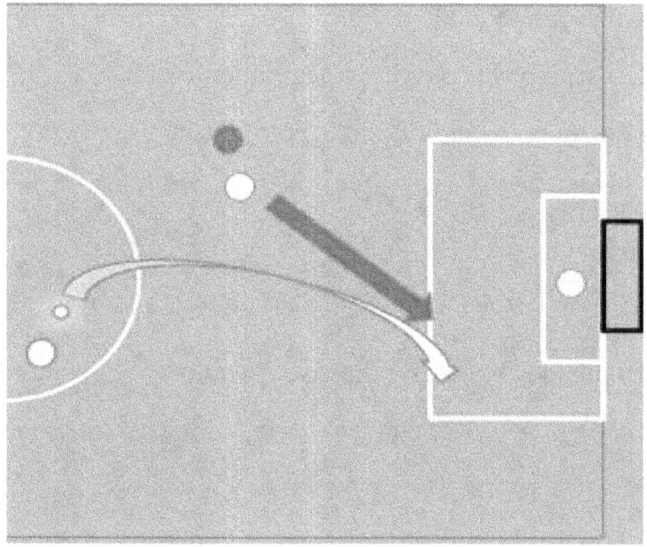

Un pase difícil de realizar, pero una buena arma para tener en el arsenal. Se puede jugar por encima de un defensor, y luego se puede sostener cuando rebota, dando a un delantero rápido la oportunidad de ponerse detrás de la defensa antes de que el balón pueda ser recogido por otro defensor o guardameta, o de que el balón salga del juego. El pase tiende a ser elevado y puede carecer de velocidad, lo que permite a los defensores cortarlo si se colocan a tiempo.

Habilidades clave

- Inclinarse ligeramente hacia atrás cuando se realiza el pase para dar altura.
- Golpe con el dedo del pie
- No se debe hacer mucho seguimiento al balón
- Golpea el balón de forma centralizada

El ejercicio:

- El jugador blanco da un pase elevado
- Su compañero de equipo y el jugador azul/gris se mueven hacia el balón
- El guardameta decide si puede recoger el balón o no.

Lo mejor es limitar el movimiento de los jugadores defensivos para que el que realiza el pase desarrolle confianza con esta habilidad delicada.

Quinto ejercicio; Parte externa del pie

El uso de la parte exterior de la zapatilla provocará una curva en la pelota.

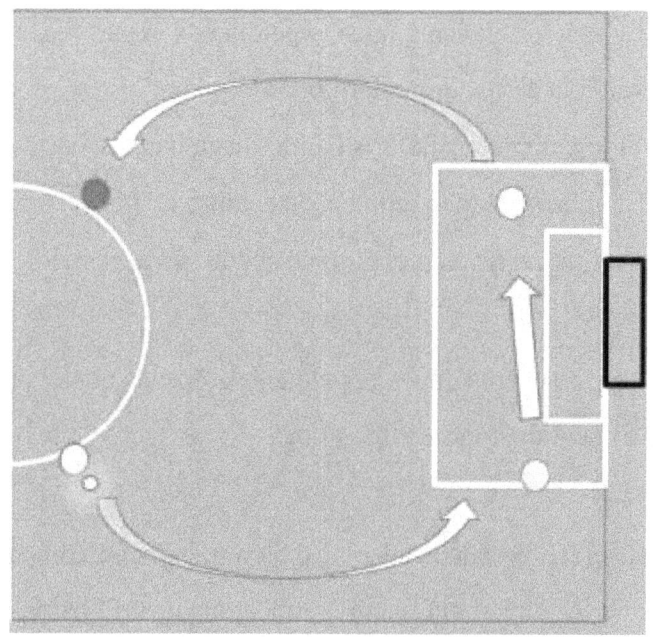

El diagrama muestra el golpe de la pelota con la parte exterior del pie izquierdo

Habilidades clave:

- Golpea la pelota firmemente con el lado de los cordones.
- Apunta un poco más ancho que donde quieres que acabe el pase - la pelota tendrá el efecto deseado.

El ejercicio:

- El jugador blanco golpea la pelota con la parte exterior de su pie, curvándola al jugador amarillo/claro gris.
- El jugador amarillo/gris pálido juega un pase corto al blanco.
- El jugador blanco repite el pase largo al gris.
- Y así sucesivamente, girando según sea necesario.

Tenga en cuenta que si la pelota es golpeada con el pie derecho, se curvará en sentido contrario.

Este ejercicio puede adaptarse para trabajar con un pase curvo con el empeine. Aquí, la bola se curva mucho menos. El balón debe ser golpeado con el empeine delantero, con firmeza, inclinándose hacia atrás y pateando con un movimiento de barrido bajo el sureste del balón mientras usted lo mira.

Driblar

¿Hay algo más emocionante que ver a un jugador derrotar a su oponente con un momento de habilidad divina, o ver a un delantero presionando en la portería, con el balón bajo control perfecto?

Los ejercicios con el balón en el suelo son muy sencillos de instalar. Sólo se necesitan conos para regatear; cuanta más distancia haya entre los conos, el recorrido del jugador será más rápido

La habilidad clave al driblear es mover el balón con los empeines, de modo que no se interrumpa el patrón de pase largo. Cuanto más cerca esté un adversario, más cerca del pie debe estar el balón

Es útil usar líneas, como líneas de cuadrícula o líneas de banda, para ayudar a los jugadores a correr en línea recta.

Primer ejercicio - Dribleo cerrado simple

- Ponga los conos a una distancia apropiada, quizás 1-2 metros.
- El jugador driblea a través de los conos.

- O bien, pasa a un jugador para que driblee, o bien girar y pasa de nuevo a otro jugador.
- Trabajar con ambos pies.

Segundo ejercicio – La bicicleta

Esta maniobra crea espacio para un pase o para engañar a un defensor, permitiendo que el jugador pase.

- Crear un espacio en los conos para dejar espacio para el paso por encima
- El jugador deja caer el hombro de lado (p. ej., derecha) donde se producirá la bicicleta.
- El jugador camina sobre la pelota de adentro hacia afuera (p. ej., con la pierna derecha).
- Con el otro pie (por ejemplo, el izquierdo), el jugador desplaza la pelota hacia la izquierda y acelera.

Tercer ejercicio - El giro de Cruyff

El truco, hecho famoso por el maestro holandés de los años 70, permite un cambio completo de dirección en el juego.

- Driblar a través de los conos.
- En la línea, pase sobre la pelota, luego arrástrela de regreso a través de sus piernas con el dedo del pie que completó el paso.
- Dribla hacia atrás.

Cuarto ejercicio - Driblar al portero

Este simulacro da una práctica de 1-1 contra el portero. El ejercicio se puede desarrollar con la introducción de un defensor, que empieza detrás del delantero. Para que el ejercicio sea apropiado para el desarrollo de las habilidades de dribleo, el defensor debe empezar lo suficientemente atrás del delantero para asegurarse de que sólo pueda atrapar al delantero si éste controla mal el balón.

- Driblar directamente al portero, empujando la pelota hacia delante con el empine rápidamente para recorrer más campo.
- A medida que el portero se acerca:
  - Dispara bajo, cerca del cuerpo O
  - Espera a que el portero se sumerja a tus pies y pásale el balón por encima.
  - Rebotar el balón, usando una habilidad como un giro o una pisada, y tirar al arco vacío.

Quinto ejercicio - Correr con la pelota

Para este ejercicio, coloque los conos ampliamente separados, por lo menos 8-10m, o practique sin conos.

Dado que, en un partido, esta habilidad sólo se emplearía cuando hay mucho espacio delante del jugador, para que el ejercicio sea realista, debe ser lo más sencillo posible.

- Asegúrese de que los jugadores usen su empeine para impulsar el balón hacia adelante.
- Necesitan asegurarse de que su patrón de pase largo no se rompa al propulsar la pelota.
- Trabajar a lo largo de un campo, o desde la mitad del camino hasta la línea de banda. Primero un jugador driblea y luego el otro.

Aptitud física

Los ejercicios de aptitud física se combinan muy bien con ejercicios de fútbol. Cualquier juego con el balón es beneficioso. Todos estos ejercicios poseen el balón hasta cierto punto.

Primer ejercicio: Persecución de Fútbol

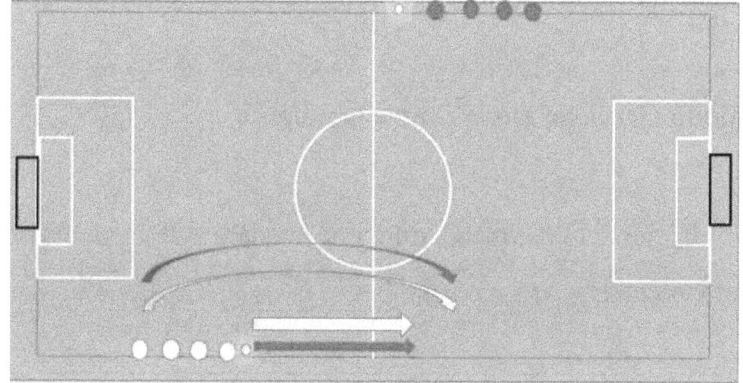

• Los jugadores se alinean en una línea de las bandas a unos 2 metros de distancia.

• El jugador delantero tiene una pelota.

• Los jugadores corren continuamente haciendo su camino alrededor de la cancha, mientras hacen lo siguiente:

- El jugador líder driblea durante 5 metros, luego pasa por encima del balón para que el compañero de equipo que está detrás driblee durante la misma distancia. Él también pasa por encima de la pelota.
- Esto continúa hasta que la pelota llega al jugador en la parte de atrás. Luego driblea alrededor de sus compañeros de equipo hasta que llega al frente de la línea, donde se repite el ejercicio.
- Se puede añadir un cierto grado de competición si otro equipo comienza de forma opuesta, siendo el equipo ganador el primero en atrapar al jugador más retrasado del otro lado. Es como una carrera de persecución en bicicleta.

Segundo ejercicio: Duro contra la defensa

Un ejercicio realmente duro que ayudará a desarrollar la salud física y mental.

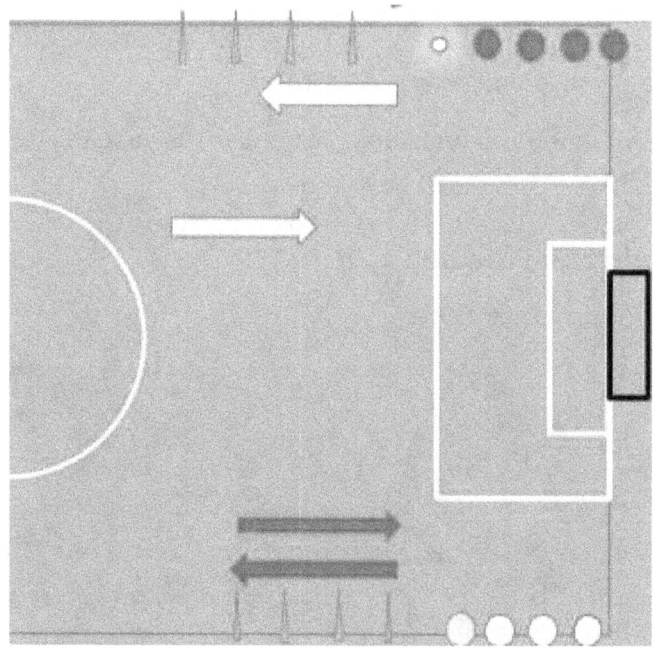

• Dos equipos se alinean según el diagrama. Los jugadores blancos atacan y tiene la pelota.

• El guardameta (amarillo/gris pálido) lidera la línea defensiva (blanca).

• Al sonar el silbato, los atacantes driblean por los conos y luego se organizan.

• Cada jugador debe tocar el balón y luego el dribleador debe terminar la jugada con un tiro.

• Mientras tanto, los defensas deben subir y luego volver a bajar por los conos, antes de organizarse defensivamente.

- Un buen ataque debe anotar antes de que el portero esté en posición y listo para atajar el disparo.
- Los equipos intercambian entonces sus papeles.

Tercer ejercicio: Circuito

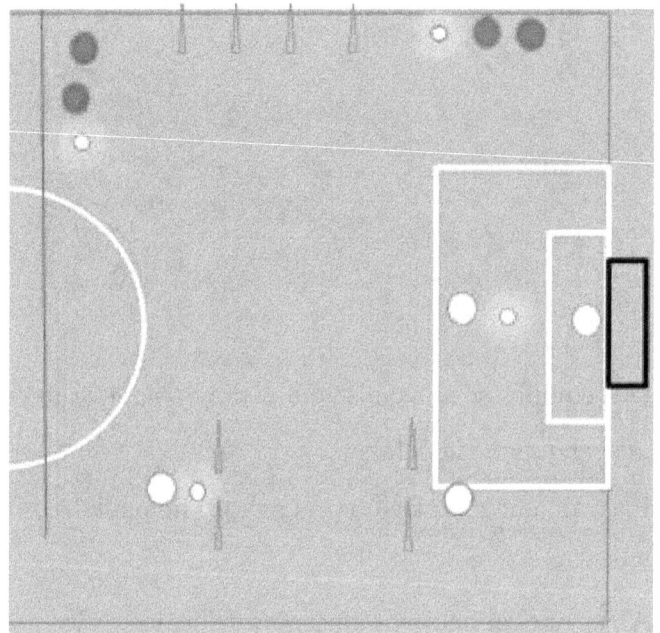

Completa el circuito con dos minutos de deporte, luego treinta segundos de recuperación, girando a través de los ejercicios.

Los ejercicios podrían incluir:

- Driblar a través de los postes, sin parar.
- Práctica de buceo - el jugador pasa la pelota de lado a lado. El portero se zambulle, pesca el balón y regresa. Intercambie después de un minuto.
- Trabajo individual en "dominadas".
- Pase sin parar con un solo toque.
- Corriendo con la pelota, controlando el empeine. Correr el ancho del campo, giro de Cruyff, luego repetir.

Cuarto ejercicio: Driblar a distancia

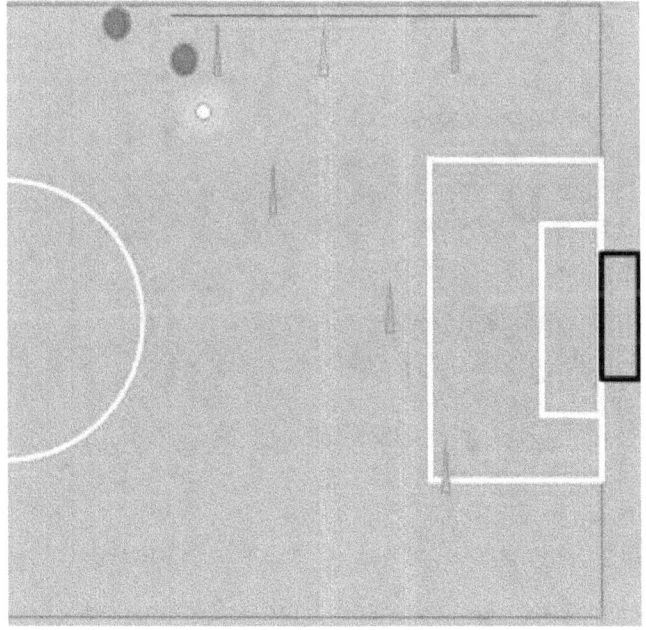

El jugador driblea en el cono, gira, driblea de vuelta al siguiente cono, gira, driblea una vez más. Todo debe hacerse a toda velocidad.

Quinto ejercicio: Sin parar

Haga este ejercicio durante tres minutos, luego descanse y luego repita. Gire las posiciones después de cada descanso.

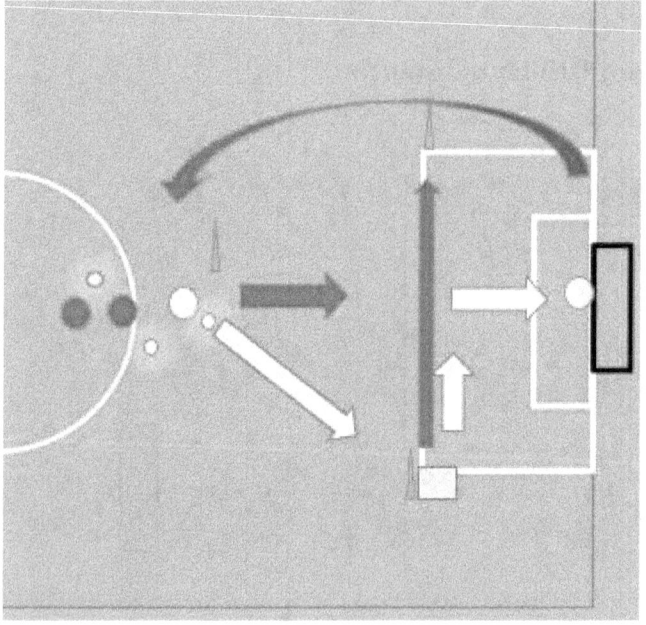

- El primer jugador (blanco) pasa el balón y se mueve.
- Recibe el pase de vuelta y tira, o driblea al guardameta, luego recoge el balón y corre a la posición de salida.

- El jugador dos (casilla) devuelve el pase y luego regresa al lado opuesto del campo listo para la siguiente entrega.
- Los jugadores tres y cuatro (gris oscuro/azul) funcionan igual que el jugador uno.
- Calcular las distancias para que el movimiento sea continuo para todos. Incluso el guardameta se enfrentará a tiros o dribleo constantes. En cualquier momento, el guardameta estará recuperando su posición, el jugador número uno, regresando con su balón, el jugador número dos cruzando el campo, el jugador número tres pasando y corriendo; y el jugador número cuatro volviendo a la posición.

Comunicación

Un equipo de grandes individuos no suele derrotar a un equipo de jugadores menores que se combinan eficazmente. Por lo tanto, la comunicación es clave. Los ejercicios que siguen animarán a los jugadores a comunicarse sobre el terreno de juego, de modo que se convierta en algo natural.

Primer ejercicio: Círculo Simple

Es un ejercicio muy sencillo, ideal para jugadores jóvenes o para un grupo nuevo.

- Simplemente organice el equipo en un círculo grande.
- Se utiliza una bola, pero el ejercicio se complica con la adición de una segunda y tercera bola.
- Los jugadores llaman a la pelota con "A John, aquí".
- Los jugadores en busca del balón identifican a su objetivo con 'John'.

Segundo ejercicio: Círculo parlante

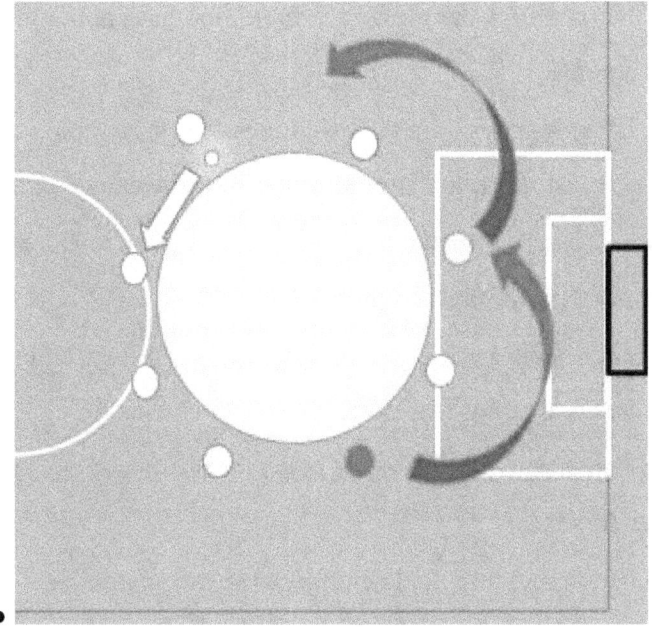

Es un ejercicio bastante complejo y es importante que el entrenador lo entienda, para que la idea pueda ser explicada a los jugadores. Sin embargo, es una excelente manera de hacer que su equipo trabaje en conjunto.

- Los jugadores forman un gran círculo de unos 15 metros de diámetro. Se necesitan al menos ocho para que el ejercicio funcione.
- Los jugadores están enumerados consecutivamente.

- Se usan dos pelotas; éstas comienzan con dos jugadores, cualesquiera.
- Se pasan los balones. El número uno pasa al número dos y así sucesivamente.
- El entrenador llama a dos números. Por ejemplo, cuatro y siete. Estos se muestran en los círculos amarillo/gris claro y azul/gris.
- El número cuatro corre al puesto del número siete, y el número siete al puesto del número cuatro.
- Los balones se pasan continuamente, sólo se detienen si el objetivo es uno de los jugadores que están corriendo.
- Tan pronto como los dos corredores están en posición, se llaman dos números más.
- Muy rápidamente, los números se mezclarán en el círculo, y el equipo tendrá que comunicarse para saber hacia dónde debe dirigirse cada pase.

Tercer ejercicio: Demostrar el punto

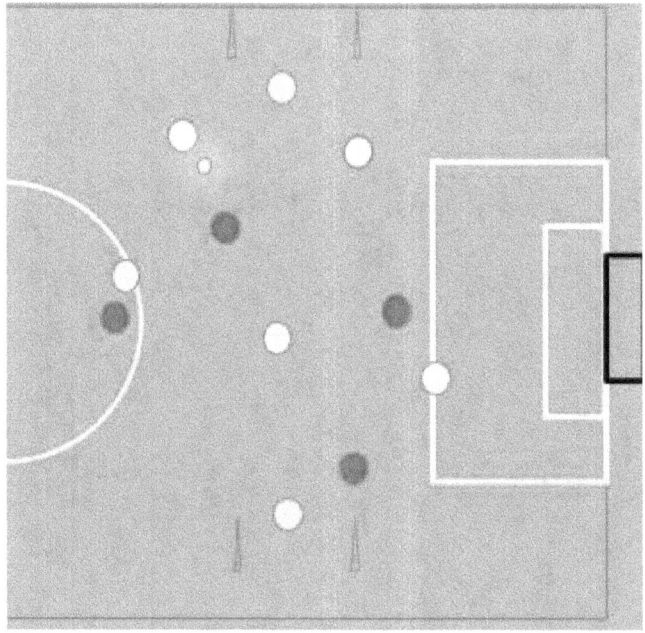

Este simulacro funciona demostrando la importancia de la comunicación al quitarla. Es un ejercicio que sólo debe usarse una o dos veces con un grupo particular de jugadores.

- Prepara un pequeño campo lateral
- Juegue un juego normal, pero prohíba que hablen. Cualquier palabra resultará en un tiro libre a la oposición.

• Jueguen sólo por un tiempo corto y luego revisen precisamente el impacto de no comunicarse.

Cuarto ejercicio: Hombre extra

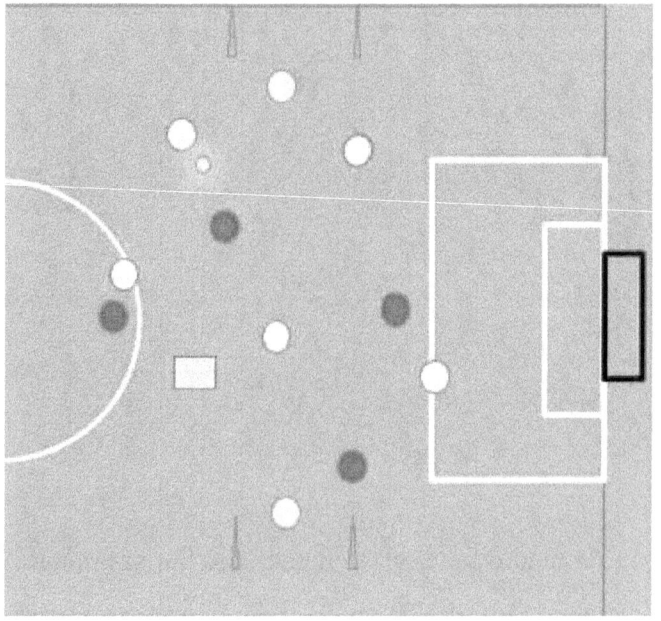

Para este ejercicio, se juega una partida con un jugador de extra, que se muestra en el símbolo de la casilla de arriba. Este jugador juega por el equipo que esté en posesión del balón. Después de un tiempo, esto se puede cambiar para que el jugador siempre esté del lado del equipo que no tenga la posesión.

El juego es simple. Sólo un partido normal, pero el jugador extra sólo puede moverse y participar cuando se le da la instrucción, como por ejemplo, '¡Pase largo! ' '¡Atrás de ti! ' y cosas por el estilo.

Este simulacro puede ser desarrollado con un segundo o incluso un tercer jugador extra. Esto puede marcar una rápida diferencia para un equipo si los jugadores pueden ser utilizados eficazmente.

Quinto ejercicio: Manejo del hombre

No se trata de un ejercicio en sí mismo, sino de una habilidad clave que un entrenador debe poseer para sacar el máximo provecho de sus jugadores y desarrollarlos hasta donde puedan llegar.

Ya que estamos hablando de comunicación en esta sección, el entrenador debe reconocer que mientras algunos de los miembros de su equipo son líderes naturales sobre el terreno de juego, dirigiendo, aconsejando e instruyendo; otros son más callados. Es importante establecer por qué. Esto podría ser sólo una timidez natural, o tal vez un sentimiento de inferioridad. Podría ser tan simple como que el jugador se está concentrando mucho en el juego, y lo hace en silencio en lugar de con mucha charla.

El buen manejo del hombre identifica las razones de la falta de comunicación, y luego ayuda a erradicarla. Este es un asunto individual. Se debe trabajar con los jugadores uno a uno para asegurarse de que se comuniquen. Los trucos pueden incluir explicaciones sencillas de por qué la comunicación es importante para crear posibles situaciones, como permitir que sólo uno o dos jugadores de un equipo hablen.

Toque en equipo

Al principio del libro hemos analizado los ejercicios de pases individuales. Ahora podemos usar esas habilidades para crear situaciones más realistas. Recuerde, también, los 'Segmentos', que es una excelente actividad de pase en equipo.

Primer ejercicio: Cuadrados

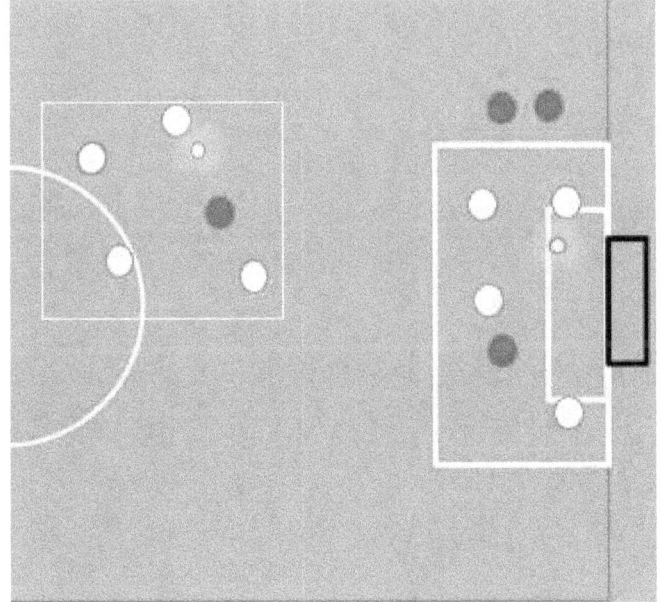

Este simple ejercicio es activo y demuestra la eficacia de un paso nítido y un movimiento pulcro.

- Crear una cuadrícula grande, del tamaño de un área penal.
- Comience con 4 contra 1, pero haga el desafío cada vez más difícil añadiendo un defensor adicional, 4 contra 2, y luego 4 contra 3.
- El objetivo es pasar y moverse para mantener el balón alejado de los adversarios. Si se intercepta un pase, entonces los atacantes se convierten en defensas, y el defensor que hizo la intercepción se une al grupo atacante.

Segundo ejercicio: Pase y Disparo

Otra forma sencilla de organizar el ejercicio. Esto utiliza los pases para crear una oportunidad de tiro para un equipo.

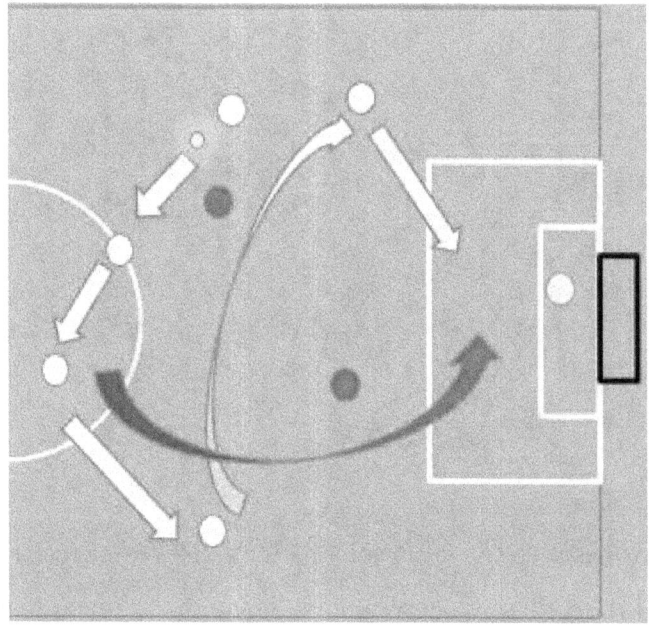

• Organice un ejercicio de 5 contra 3 (siendo uno de ellos un guardameta).

• Los jugadores blancos deben hacer al menos cuatro pases, y luego pasar al área para que su compañero dispare.

• Los jugadores grises intentan defenderse. No se les permite ingresar en el área penal.

Tercer ejercicio: Triángulos

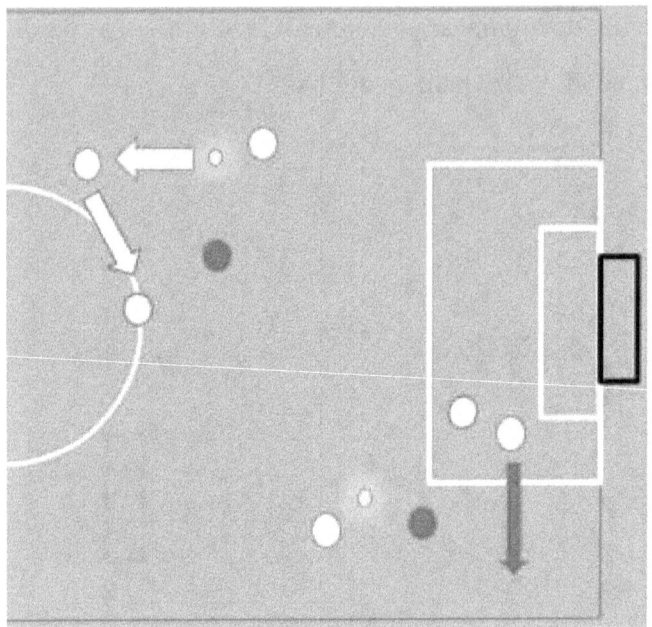

Los pases en triangulo son una forma clave de crear espacio y retener la posesión. Recuerde, en el diagrama, las líneas blancas representan la dirección de la pelota, y las líneas azules/grises la dirección de los movimientos de los jugadores.

• Este ejercicio utiliza 6 jugadores contra 2, subdividido en dos grupos de 3 contra 1.
• El ejercicio es fácil. Cada grupo de tres se mueve para crear un triángulo, dando así siempre un simple pase alrededor del oponente.

- Los pases deben ocurrir dentro del triángulo, y entre triángulos.
- El simulacro puede ser desarrollado con la adición de un guardameta y un reto para crear espacio para un tiro.

Cuarto ejercicio: Juego de dos toques

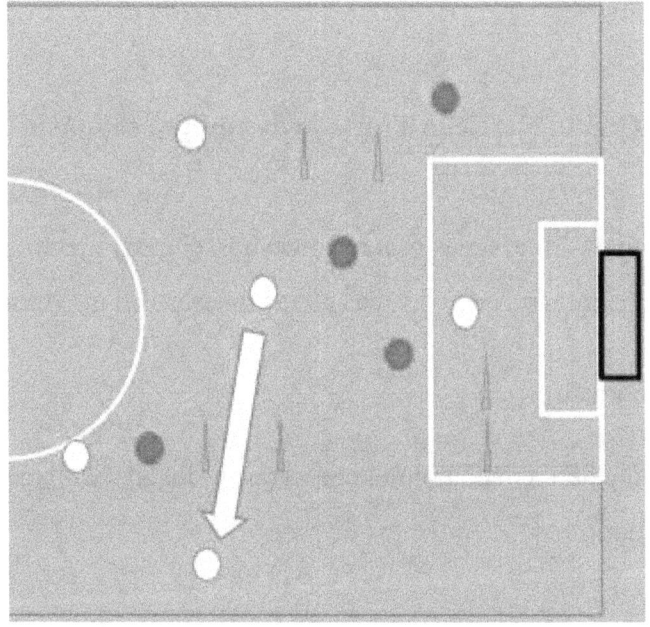

Un gran ejercicio para que los jugadores piensen y trabajen en sus pases.

- Organice tres o cuatro pares de conos al azar sobre el terreno de juego para representar los arcos.
- Permita que toquen el balón dos veces.
- Se marcan los goles al pasar el balón a través de un arco, en cualquier dirección, a un compañero de equipo.
- Haga que el ejercicio sea aún más duro introduciendo el pase de un solo toque.

Quinto ejercicio: Traslado de equipos complejos

Recuerde, las líneas más oscuras muestran el movimiento de los jugadores, mientras que las más claras muestran el movimiento de la pelota.

Este es un ejercicio complejo, pero a partir del cual se pueden desarrollar otros movimientos de pase.

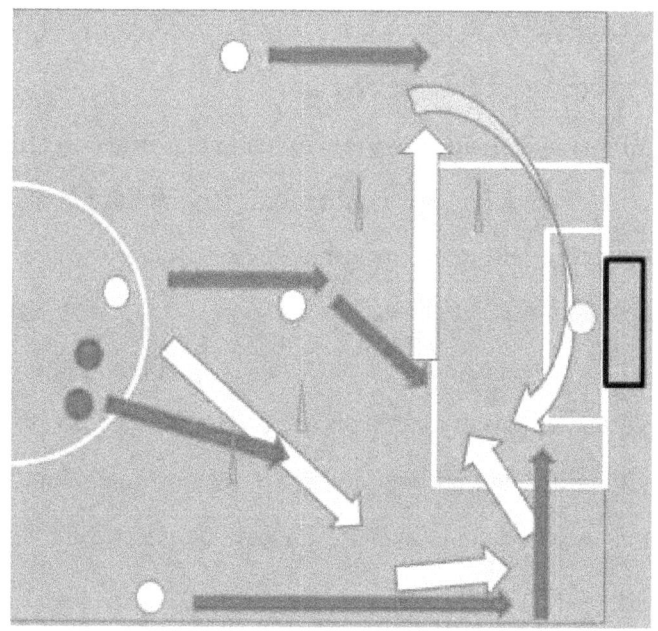

El objetivo es cambiar el juego para crear espacio para un cruce o un pase al área.

- En el círculo central hay tres jugadores. Dos defensores (oscuros) y un atacante que tiene el balón. También hay un portero, y otros tres jugadores ofensivos, con la derecha, el centro y la izquierda. Analizaremos los papeles de cada jugador atacante por turno.
- El que da el pase coloca la pelota bien ancha a través de los conos. Luego avanza hasta el borde del área. Su próximo trabajo será pasar el balón a la izquierda cuando lo reciba, y luego meterse en el área para el centro.

- El extremo derecho driblea, tira del balón hasta el borde del área y espera el centro en el segundo palo.

- El atacante central se moverá hacia el borde derecho del área, listo para la devolución de su extremo. Luego pondrá la pelota, en el primer cuadrado, al jugador original de la jugada, que para entonces estará en posición.

- El atacante izquierdo se adelanta, coge el balón que se lo han pasado y patea el balón al área en un solo toque o en dos toques

- Cuando funciona bien, la sincronización sea buena, y los defensores estén demasiado estirados para detener el ataque, a menudo se consigue el objetivo.

Intercepciones de equipo

El fútbol moderno ve a buenos entrenadores y jugadores en forma capaces de defender muy eficazmente cuando están en formación. Esto significa que interceptar pases puede ser a menudo la forma más eficaz de lanzar un ataque, ya que la defensa estará fuera de posición, debido a que estaban en posición de ataque

Esta fase del juego se llama transición, y los mejores entrenadores la ven como el aspecto más importante y difícil del fútbol moderno. Un equipo que puede interceptar y luego lanzar un ataque desde esa posición es a menudo el que finalmente ganará el juego.

Las intercepciones suelen venir de un pase extraviado, y ese pase extraviado será el resultado de la presión sobre el balón, lo que hará que los que lo tienen en su posesión realicen pases cada vez más imprecisos.

Primer ejercicio: Aplicando Presión

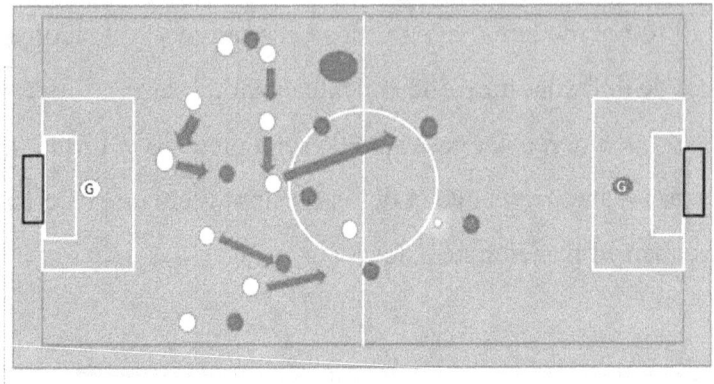

La formación defensiva de arriba es fuerte. El equipo blanco tiene una línea de cuatro, más un defensor libre, con otra línea de cuatro delante de ellos. Un solo delantero presiona a la defensa. Las flechas muestran el movimiento de los jugadores. Nota, el jugador más cercano presiona la pelota. Trabajando en equipo, los jugadores blancos crearán una situación en la que los dos únicos pases sean devolver el balón al guardameta, lo que es aceptable defensivamente, o un primer o segundo pase a los anchos mediocampistas derechos (más grandes en el diagrama). En primer lugar, ese pase se habrá realizado bajo presión, por lo que existe el riesgo de que se pierda el balón; en segundo lugar, si tiene éxito, el balón no se encuentra en una posición peligrosa.

Los puntos clave para entrenar en su defensa son los siguientes:

Todos los jugadores deben poder:

- Presionar el balón, o
- Cubrir a un jugador, o
- Cubrir un espacio.

Ejercicio:

- Tener muchos balones
- Consigue que los atacantes establezcan una posición realista
- Permitir que la defensa organice dos líneas de cuatro, o uno de cinco y uno de cuatro.
- Reproducir la secuencia
- Destacar la importancia de moverse en equipo
- Tan pronto como se pierde la posesión, comienza una nueva secuencia.

Segundo ejercicio: Interceptando

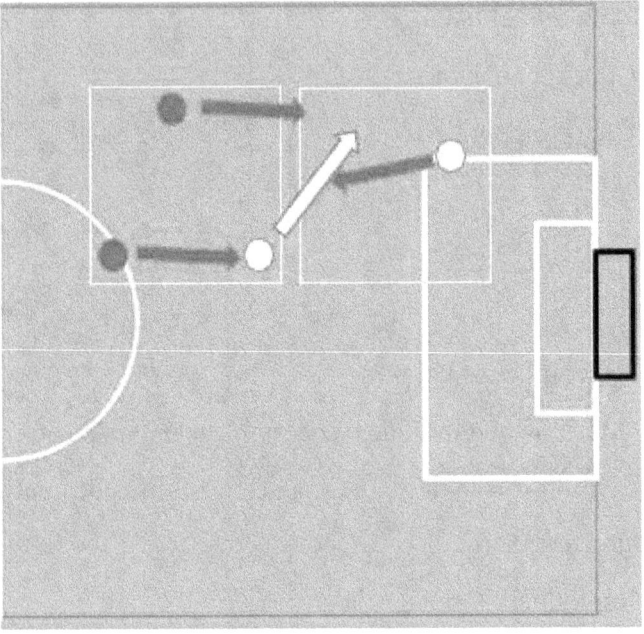

Hay que dedicar mucho tiempo para que los jugadores practiquen la interceptación del pase. Si no calculan la distancia bien para la intercepción, se pierden temporalmente en la defensa, y se ha creado espacio para el jugador atacante, por lo que el juicio es crucial.

El simple ejercicio anterior ayuda a los jugadores a juzgar si pueden hacer la interceptación.

- Utilice dos cuadrículas como se indica arriba.
- Los defensores del equipo blanco decidirán pueden interceptar el balón cruzado jugado por el jugador más oscuro que va hacia adelante.
- Los indicadores serán si el jugador oscuro tiene buen control, si su pase parece controlado y así sucesivamente.
- El jugador blanco de defensa profunda toma la decisión de interceptar o simplemente realiza la defensa al receptor oscuro.
- Gire las posiciones.

Tercer ejercicio: Juego de equipo reducido

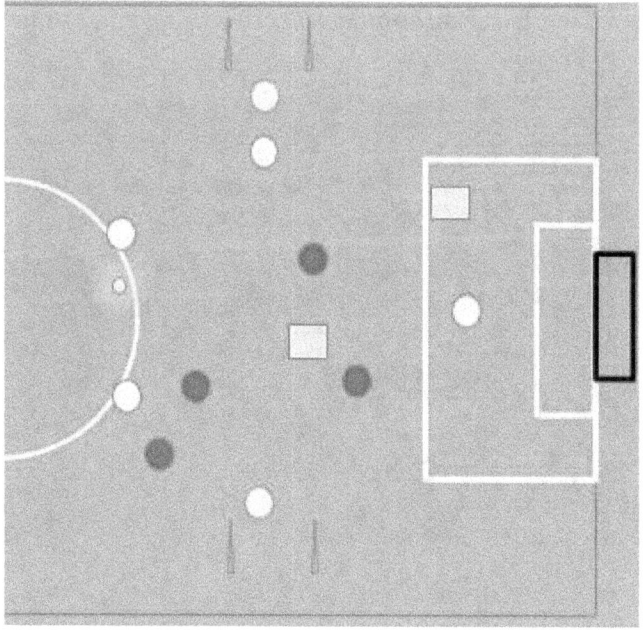

Aquí, los equipos más pequeños permiten más toques del balón. La transición también es menos frecuente, por lo que el juego puede desarrollarse más plenamente.

• Cinco contra cinco con dos jugadores extras(casilla) que representan al equipo que tiene la posesión. (En otras ocasiones, pueden representar al equipo en defensa).
• Juegue el juego, deteniéndose para resaltar los movimientos de transición efectivos de ambos equipos.

Cuarto ejercicio: Transición Sin oposición

Esto debería ser un simulacro corto, ya que no es una situación realista para un partido.

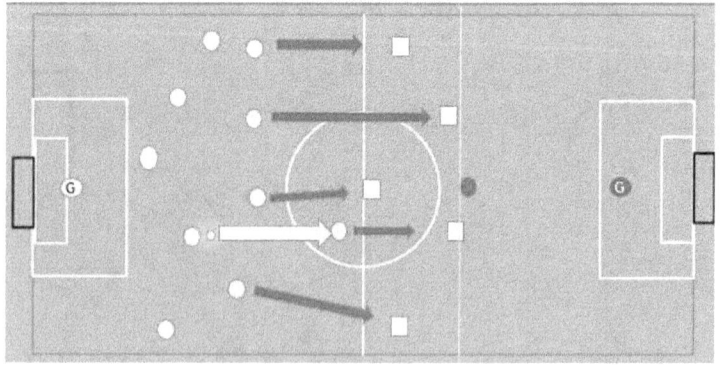

- En primer lugar, la transición al ataque.
- Prepara una formación defensiva.
- El entrenador, o un jugador contrario, pierde un pase.
- Se hace la intercepción, y el equipo entra rápidamente en una formación atacante.
- El equipo "oponente" crea una línea de fuera de juego e en retirada donde se juega esta regla.
- En segundo lugar, la transición a la defensa.
- Prepara una jugada de ataque.
- Perder un pase para el único oponente.
- Muévanse rápidamente a una formación defensiva.
- Permita un tiempo para esto, por ejemplo, tres segundos.
- Se analizan las paradas y posiciones de juego.
- En cualquiera de las dos fases de la transición, es esencial que todos los jugadores conozcan su papel, recordando que la transición al ataque puede fallar, y entonces la transición a la defensa es de nuevo necesaria. Cuando los equipos envían demasiados jugadores hacia adelante en la transición, esto se conoce como "sobre compromiso".
- En el diagrama de arriba, la mitad central intercepta y da pase al delantero central. Cuatro corredores se adelantan, el número nueve pasa a uno de los atacantes y luego también apoya. El resto de los jugadores de campo suben, pero mantienen su formación en caso de que el ataque se rompa.

Quinto ejercicio: Jugada de gol

Esta es la forma más realista de un ejercicio. Juega un partido normal, pero cada vez que el balón se pierde el entrenador examina las acciones de sus compañeros. Si su movimiento no es el correcto, el juego se detiene y se establece el punto de entrenamiento.

Posesión

Mantener la posesión implica usar las habilidades de pase y control que hemos explorado anteriormente en el libro. Significa crear triángulos para que siempre haya una simple transmisión para la persona en posesión. Significa que el portero entra en juego para convertirse en un hombre extra, e implica hacer carreras y encontrar espacios.

Estos ejercicios emplean y perfeccionan muchas de las tácticas mencionadas anteriormente.

Primer ejercicio: Cómo usar al guardameta

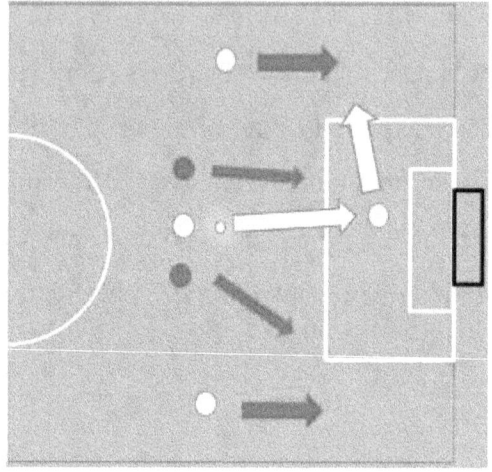

- 4 contra 2.
- El jugador en posesión da un pase al guardameta. Nota: trabaje con un pie en particular; el guardameta necesita tener dos pies, pero quiere un pase que también pueda patear largo en un solo toque si es necesario.
- Los dos jugadores extremos retroceden para recibir el pase.
- Los dos oponentes se separan, uno cierra el portero y el otro elige a un jugador de campo para marcar.
- Una vez que la pelota es jugada, los oponentes caen (a menos que puedan ganar la pelota), y la secuencia comienza de nuevo.

Segundo Ejercicio: Correr

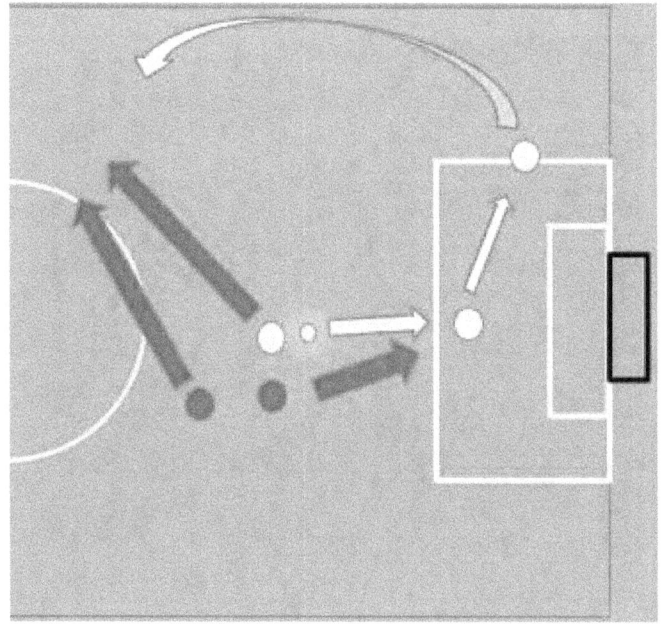

- 3 contra 2.
- El balón se tira hacia atrás con un pase del delantero.
- El delantero corre al espacio.
- El receptor del pase pone un pase corto ancho.
- Se hace un pase largo 'en el canal' (es decir, largo en el espacio hacia debajo de la banda).
- Los oponentes empiezan desde donde se indica, luego uno intenta presionar el balón, el otro marca al atacante haciendo una carrera.

Tercer ejercicio: Superposición de defensa

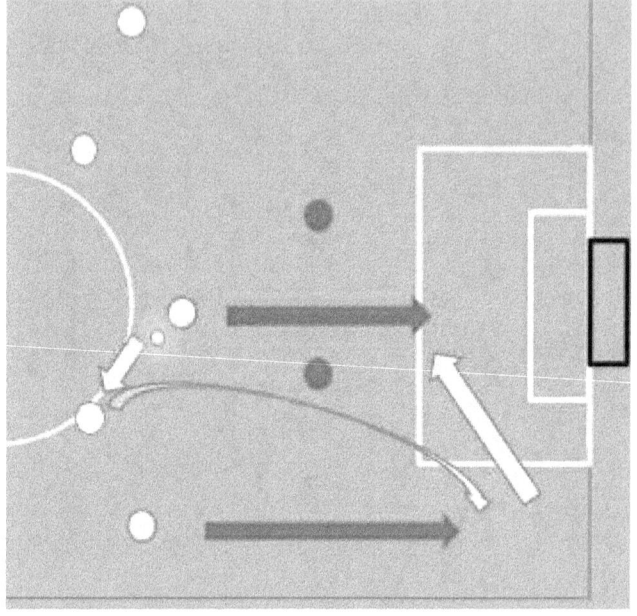

- 5 contra 2
- Se da un pase hacia atrás por uno de los mediocampistas atacantes.
- Luego el balón es pateado para que toda la defensa se mueva hacia adelante.
- Los adversarios presionan el balón y a los jugadores más cercanos, como lo harían en un partido.
- Esto crea espacio para la defensa.

• Los dos defensores laterales se alternan haciendo una carrera hacia adelante.

• El equipo en posesión del balón tiene como objetivo mantener la posesión el mayor tiempo posible, reiniciando el ejercicio desde la posición de superposición. Esto ayuda con la práctica para el trabajo de transición.

Cuarto ejercicio: 5 contra 5 + 2

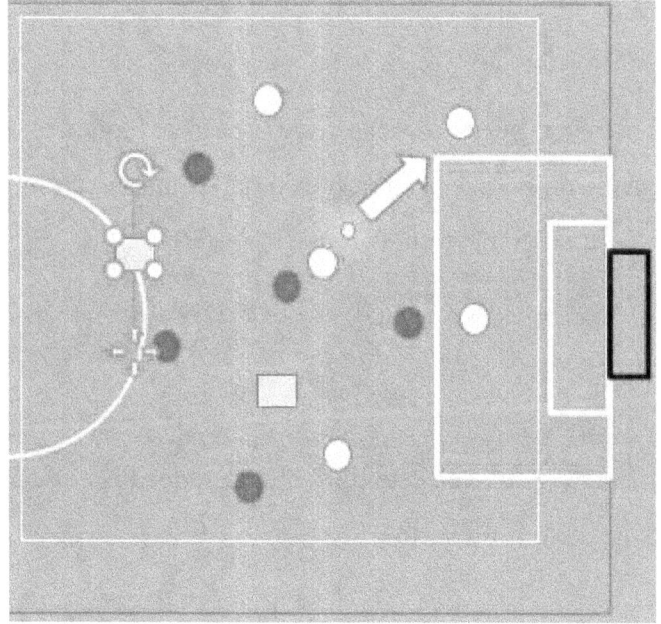

• Otro simulacro con dos jugadores extras.
• No hay metas.

- El objetivo es mantener la posesión durante el mayor tiempo posible.
- La posesión cambia si se hace una intercepción, o si la pelota sale del juego.
- Los jugadores extra siempre están del lado del equipo que tiene la posesión.
- El entrenador busca movimiento, buen control y una posición corporal fuerte y abierta al recibir el balón.

Desarrollo

El ejercicio puede ser más desafiante si se reduce el espacio en el que juega el equipo, o si se introducen reglas tales como dos toques como máximo o un pase en un toque.

Quinto ejercicio: Juego completo

El ejercicio final en este libro abarca todos los ejercicios y técnicas que hemos cubierto.

- Es un juego completo.
- Se aplican las reglas normales.

- Debería ser una situación de partido. El entrenador o los entrenadores se aseguran de que cada jugador conozca su papel.
- Se aseguran de que cada jugador tenga dos o tres objetivos para ayudar a mejorar su propio juego. Pueden ser tácticos, como decirle a un lateral que se concentre más en avanzar; pueden ser técnicos, como asegurarse de que un delantero tenga el cuerpo y los brazos correctamente posicionados cuando reciba el balón con la espalda hacia la portería. (Masa corporal detrás, hombro que se dirige desde la dirección del juego, centro de gravedad bajo para soportar la presión física desde atrás). Los objetivos podrían aplicarse a todo el equipo, o a un grupo grande de jugadores, como la importancia de la comunicación.
- Un juego individual o de equipo especialmente bueno, y un trabajo colectivo especialmente débil, deberían hacer que el juego se interrumpiera tan pronto como fuera posible, y el punto en el que se hace hincapié se resalte. No detenga el juego para molestar a un individuo negativamente; eso debe hacerse en privado más tarde.
- Recuerde, incluso en los niveles más altos, practicar deporte debe ser un placer antes que cualquier otra cosa.

Palabras finales

Este libro de ejercicios y consejos ayudará a cualquier jugador o equipo a mejorar. Los mejores entrenadores y los jugadores con más potencial van un paso más allá.

Ellos son los que toman los tipos de ejercicio estándar que trata este libro, y los adaptan para satisfacer las necesidades de sus propios equipos, o sus propios requerimientos individuales. Por lo tanto, mire estos ejercicios y vea cómo pueden abordar de la mejor manera posible las deficiencias técnicas y de habilidades más evidentes en su equipo.

Utilícelos como punto de partida y haga los cambios sutiles que los hacen a la medida de las necesidades de su equipo; mejor aún, haga que sus jugadores los adapten ellos mismos, tal vez identificando cómo un ejercicio de equipo puede enfocarse más de cerca en una debilidad para ayudar al equipo a mejorar.

Sobre todo, recuerde que el fútbol se trata de disfrutar, de mejorar sus habilidades individuales y de equipo en el contexto de un deporte simple y popular.

Una vez que la diversión se detiene, también lo hace el punto del juego. Ése es, sobre todo, el mensaje clave para todos los entrenadores, todos los jugadores y, de hecho, todos los aficionados a este "deporte rey".

Inteligencia en el fútbol

Consejos de entrenamientos deportivos para mejorar su conciencia espacial y la inteligencia en el fútbol

Chest Dugger

Sección de Regalo

Como parte de nuestra dedicación para ayudarle a tener éxito en su carrera, le hemos enviado una hoja de ejercicios de fútbol gratis. Esta es la "Hoja de Trabajo de Entrenamiento de Fútbol". Esta es una lista de ejercicios que puede utilizar para mejorar su juego, así como una metodología para hacer un seguimiento de su rendimiento en el día a día. Queremos llevarte al siguiente nivel.

Haga clic en el enlace de abajo para obtener su hoja de ejercicios gratis.

https://soccertrainingabiprod.gr8.com/

También puede obtener este libro de forma gratuita como audiolibro en Audible junto con una suscripción gratuita de 1 mes a Audible. Sólo tiene que registrarse en el siguiente enlace:

https://www.audible.com/pd/B07G24HPWN/?source_code=AUDFPWS0223189MWT-BK-ACX0-123516ef=acx_bty_BK_ACX0_123516_rh_us

SOBRE EL AUTOR

Chest Dugger es el seudónimo de nuestro equipo de entrenamiento, Abiprod. Abiprod es un equipo de apasionados entrenadores profesionales y aficionados, con sede en el Reino Unido y Australia. Puede visitarnos en www.abiprod.com

Hemos sido aficionados de este hermoso deporte durante décadas, entrenando a equipos juveniles y senior. Como todos los aficionados al fútbol en el mundo, vemos y jugamos este formidable deporte tanto como podemos. Así seamos fans del Manchester United, el Real Madrid, el Arsenal o el Galaxy de Los Ángeles, compartimos un amor común por este magnífico deporte.

Durante nuestras experiencias, hemos notado que hay muy poca información para el aficionado común que quiere llevar su técnica de juego al siguiente nivel. O iniciar a sus hijos en el camino del fútbol. Esto se aplica especialmente para aquellos que viven fuera de Europa y América del Sur. El entrenamiento y la metodología de fútbol de alto nivel son bastante raros incluso en países ricos como EE. UU. y Australia.

Al ser apasionados del juego, queremos hacer llegar el mensaje al mayor número de personas posible. A través de nuestro blog de entrenamiento de fútbol, libros y productos, nuestro objetivo es llevar lo mejor del entrenamiento de fútbol al mundo. Aunque estamos empezando en Estados Unidos y Australia, cualquiera que sienta pasión por este deporte puede utilizar nuestras tácticas y estrategias.

DESCARGO DE RESPONSABILIDAD

Derechos de autor © Kumar 2018

Todos los Derechos Reservados

Ninguna parte de este libro puede ser transmitida o reproducida en ninguna forma, incluyendo la impresión, versión electrónica, fotocopia, escaneado, mecánica o grabación sin el permiso previo por escrito del autor.

Aunque el autor ha hecho todo lo posible por garantizar la exactitud del contenido escrito, se aconseja a todos los lectores que sigan la información mencionada en el presente documento bajo su propio riesgo. El autor no se hace responsable de ningún daño personal o comercial causado por la información. Se anima a todos los lectores a buscar asesoramiento profesional cuando sea necesario.

Introducción

Pensemos en los mejores jugadores que el deporte rey ha visto nunca. Pelé y Puskas, Maradona - de la época actual, Messi y Ronaldo. Zinedine Zidane, Thierry Henry y Dennis Bergkamp, los grandes analistas del juego, como Beckenbauer y Bobby Moore, y el devastador goleador Gerd Muller. Cuando tratamos de analizar qué es lo que hizo que estos jugadores tuvieran tanto éxito y se mantuvieran en tan alto nivel, nos vienen a la mente una serie de similitudes.

Por supuesto, la mayoría son delanteros, si obviamos a Beckenbauer y Moore. Jugaron en la zona más concurrida y desafiante del campo y en una posición que podía, y con frecuencia lo hacía, cambiar de partido. Esto es especialmente cierto en el caso de los jugadores atacantes, pero también se aplica a los que tienen posiciones más defensivas. Curiosamente, los dos defensas que figuran en la lista eran conocidos tanto por sus habilidades en el juego de pelota como por sus habilidades defensivas.

Cada uno poseía ritmo, fuerza física, y pies rápidos. Cada uno podía controlar la pelota en un instante, eran equilibrados en su carrera y precisos en su tiro. Pero hay algo más que convierte lo meramente bueno en excepcional, sea cual sea la posición en la que elijan jugar. Y esa es la cualidad indefinible que llamamos inteligencia futbolística.

Las personas inteligentes en cualquier campo en el que trabajen saben que lo simple funciona mejor. El fútbol es, en el fondo, un juego sencillo. Pasar el balón, moverse a través del espacio (donde es más fácil controlar un pase y hacer una devolución), trasladar el balón. Cuando surja la oportunidad, intentar marcar un gol. Si eres un defensor, quitarle el espacio al otro equipo. Un pase simple es más fácil de completar que uno complejo. Interceptar el balón es más fácil que quitárselo a tu oponente. Moverse en el espacio, encontrar un buen ángulo y comunicarse bien hace que un pase de un compañero de equipo sea más fácil de recibir. La inteligencia y la simplicidad pueden sonar como si fueran opuestos, pero en realidad son primos hermanos.

El propósito de este libro es definir la inteligencia futbolística, del fútbol, explicar los elementos que la constituyen y, lo que es más importante, presentar ejercicios que un buen entrenador puede utilizar con su equipo para desarrollar esa inteligencia hasta su máximo potencial.

Considerando que es un hecho que aquellos con habilidad innata para leer el juego, anticipan pases (de ambos equipos), aprender a encontrar el espacio correcto y utilizarlo, contribuye a explotar esta habilidad, volviéndola más afinada, y aún más efectiva de lo que podría haber sido.

Por lo tanto, comencemos por el principio intentando la desafiante tarea de definir la inteligencia futbolística. del fútbol.

¿Qué es la inteligencia futbolística?

Mientras que diferentes analistas tendrán su propia definición de este concepto, todos coincidirían en que esta nebulosa entidad está compuesta de los siguientes aspectos muy tangibles.

Comprensión del juego - No nos convertimos en maestros de ajedrez sin jugar, no obtenemos nuestro título universitario sin estudiar sobre el tema, de la misma manera la gente con inteligencia futbolística tiene una gran comprensión del juego. No es necesario que practiquemos simulacros para lograr esto, ganar comprensión del juego es más divertido que eso (¡aunque, por supuesto, las prácticas que siguen en este libro son entretenidas en extremo!) Ganamos experiencia en el juego viéndolo, jugándolo, leyéndolo y discutiéndolo.

Se dice que la imitación es el halago más grande n y comprender algo es realmente seguir lo que los mejores exponentes hacen y tratar de replicar sus acciones y sus decisiones. Bobby Moore puede haber tenido la inteligencia futbolística suficiente para rara vez tener que hacer un uno contra uno, pero logró esta habilidad para leer el juego al imitar las prácticas de sus propios héroes.

Desarrollo de la conciencia espacial - En otras palabras, saber dónde están nuestros cuerpos, o los cuerpos de nuestros jugadores, en relación con los de los demás. Es esta conciencia la que indica a los jugadores con inteligencia futbolística dónde hacer el pase, cuándo hacer la primera jugada, cuándo controlar el balón, dónde hacer tocadas en primera, y dónde hacer carreras.

Cultivar las habilidades para aplicar - Por supuesto, incluso el jugador con la mayor inteligencia futbolística no se convertirá en miembro efectivo del equipo sin las habilidades necesarias para maximizar ese potencial. Muchos argumentarían por supuesto, que aquí es donde entran los buenos entrenadores. Los entrenadores son a menudo jugadores que entienden el juego pero que nunca tuvieron, o ya no poseen, las habilidades físicas necesarias para marcar la diferencia sobre el terreno de juego.

Este libro se centrará en el desarrollo de la conciencia espacial, y las habilidades necesarias para maximizar esa conciencia en el campo. Estudiaremos el desarrollo de los toques en primera, en el espacio, el movimiento sin el balón, y el desplazamiento en la cancha. Examinaremos y practicaremos formas de seleccionar el pase correcto, y también cómo predecir los pases de otros para que puedan ser interceptados.

Ya que estos son los elementos que componen la inteligencia futbolística, al descomponer estas partes y practicarlas, podemos convertirnos y a los miembros de nuestro equipo, en futbolistas más inteligentes.

Los ejercicios de práctica

Cada par de capítulos en este libro trata un aspecto de la conciencia espacial, los cuales constituyen la inteligencia futbolística. Los capítulos están estructurados de la siguiente manera: En primer lugar, se explica la importancia de la faceta en cuestión para el juego y, a continuación, se ofrece una serie de ejercicios que ayudarán a los jugadores a desarrollarse en esa área en particular.

Los lectores que hayan sido entrenadores sabrán que el mayor problema con los simulacros es prepararlos de tal manera que todos entiendan lo que están haciendo. Una vez que el simulacro es comprendido, realmente puede cumplir su propósito.

Por lo tanto, los ejercicios han sido escritos de tal manera que puedan ser entregados en este formato a los jugadores, si se desea. Cada ejercicio consta de los siguientes elementos:

- Un nivel de dificultad - fácil, moderado o difícil. Este grado se relaciona con la facilidad del ejercicio.
- Un nombre, para que cuando se vuelva a trabajar este ejercicio, el entrenador pueda simplemente decir, por ejemplo, 'Configurar y ejecutar "First Touch"'.
- Un objetivo - una habilidad o aspecto de la inteligencia futbolística que el ejercicio busca desarrollar.
- El Espacio Requerido - este puede ser adaptado al nivel de habilidad y edad del grupo que realiza el simulacro. Generalmente, cuanto más espacio disponible, más fácil se vuelve el ejercicio - el espacio lo es todo en el fútbol. Las rejillas se pueden pintar sobre los campos de prácticas o se pueden montar con conos. Si esto es difícil, los simulacros pueden adaptarse para trabajar en un área ya marcada,

como el área de penalización, el círculo central o la mitad del terreno de juego.

- Número de Jugadores Involucrados – El número se especifica en cada ejercicio. La mayoría de estos simulacros pueden ser ejecutados por varios grupos a la vez, siempre y cuando haya suficientes recursos y espacio.

- Equipamiento adicional - Mantenemos esto lo más simple posible. Ya que el libro fue escrito por un entrenador, sabemos lo difícil que puede ser ejecutar ejercicios que requieren preparaciones complicadas con múltiples recursos.

- Roles de Jugador, Acciones de Jugador y Habilidades de Jugador - En estas tres secciones (donde los roles se repiten, los jugadores se forman en grupos) la información simplemente puede ser leída o parafraseada a los jugadores. Especialmente con grupos más jóvenes o menos experimentados, a menudo funciona mejor tratar el papel de un jugador (o grupo de jugadores) individualmente. Así, siguiendo las instrucciones dadas, cada jugador puede aprender lo que tiene que hacer en el simulacro, cuál es su contribución individual al simulacro, y qué habilidades desarrollará personalmente. Cuando los jugadores saben lo que quieren conseguir, su motivación mejora. Cuando su motivación es alta, tienden a tener más éxito en lo que hacen.

- Organización - Esta sección explica cómo funciona el simulacro y a menudo incluye indicaciones de entrenamiento.

- Desarrollo - muchos entrenadores idearán sus propias adaptaciones de los ejercicios básicos, pero en esta sección hay algunas sugerencias sobre cómo el ejercicio puede ser más desafiante o modificado para trabajar en diferentes aspectos de la inteligencia futbolística.

Suficientes palabras, es hora de ponernos manos a la obra.

Toque en primera en el espacio

Al hablar con los reclutadores y entrenadores y preguntarles qué es lo que les dice que un jugador puede convertirse algún día en un profesional, les ofrecerán varias respuestas. Atletismo, velocidad, compromiso, condición física, y - por supuesto, inteligencia futbolística.

Pero una característica destaca como la primera cosa que un entrenador o explorador buscará. Algo que es relativamente fácil de detectar y que, con la práctica, se puede dominar. Ese es el toque en primera de un jugador.

La forma en que moldean su cuerpo en el medio giro, la posición natural de los brazos para proporcionar protección y equilibrio. Y lo que es más importante, el peso que le dan a su toque en el balón. ¿El pie amortigua la pelota a medida que llega? ¿Se sienten cómodos tomando la pelota en el empeine? ¿En el exterior de su bota? ¿Pueden controlar una pelota que está fuera del suelo? Puede el jugador mover sus pies para ponerse en posición rápidamente para recibir el balón, lo que significa que está en el mejor lugar para ejercer un fuerte control, y puede concentrarse en observar el balón y poner la cabeza y los brazos en posición, en lugar de lanzarse desesperadamente para detener el objeto que huye de él.

Pero no basta con tener la pelota bajo control. El fútbol es un juego de equipo que requiere un movimiento fluido y rápido del balón. Controlarlo sin aplicar un primer toque que mueva el balón al espacio entorpece el juego del equipo. Permite a los defensores ponerse en posición para marcar a los atacantes e interceptar el siguiente pase. Permite a la oposición presionar al jugador con el balón.

Y cuando se está bajo presión, es mucho más probable que el próximo pase sea malo, ya sea porque es interceptado o porque pone al jugador en la recepción bajo presión extra. Así, ese primer toque que controló el balón de una manera que no creó espacio, podría llevar a una pérdida de posesión del balón durante los próximos tres pases

Todos hemos oído a los comentaristas decir, Cuando el equipo pierde y el balón se dirige al otro extremo del campo todos hemos oído a los comentaristas decir: `Se le atascó bajo los pies". Esto hace referencia a la situación en la que el jugador en cuestión ha recibido el pase, ha controlado el balón, pero al hacerlo ha eliminado sus opciones de un pase rápido. Luego ha sido derribado, o ha hecho un mal pase. O, quizás un gran pase ha puesto a un jugador a través de la portería, pero el primer toque ha sido pobre y el ángulo del tiro lo ha empeorado, o a un defensor, que quizás el guardameta ha sido capaz de interceptar. Tal vez, simplemente, el delantero ha caído sobre el balón cuando su toque en primera quedó atrapado entre sus pies que se movían rápidamente.

El toque en primera puede tomar muchas formas, y en el siguiente capítulo hay una serie de ejercicios básicos para practicar un primer contacto en el espacio de muchas maneras.

El más común es el toque en primera en el espacio para crear la oportunidad de un pase o, con menos frecuencia, un dribleo. El primer contacto con el balón en el espacio, sin embargo, no tiene que ser con el pie. Podría ser con el pecho, o con un cabezazo, quizás incluso un cabezazo con dirección para que lo reciba un compañero de equipo.

O, lo más emocionante de todo, un toque en primera que crea la oportunidad de marcar un gol.

Los ejercicios descritos en el siguiente capítulo proporcionan formas de desarrollar y reforzar el primer toque de los jugadores. Se pueden adaptar a diferentes situaciones y moldear para que se ajusten a las necesidades de nuestros equipos.

Ejercicios para desarrollar un buen toque en primera en el espacio

Lo que sucede en el campo de entrenamiento es lo que se transfiere al campo. Por lo tanto, ya que un buen primer toque es esencial para mantener la posesión, y un toque en el espacio crea ritmo en el movimiento, asegura el control del juego y puede permitir posibilidades de ataque, estas son las habilidades que deben ser practicadas durante las sesiones de entrenamiento.

Ejercicio número uno - Fácil

Nombre del simulacro: Toque en primera.

Objetivo del simulacro: Desarrollar un buen primer contacto que permita construir sobre él.

Espacio requerido: Dos líneas, aproximadamente a 10 metros de distancia. No es necesario marcar las líneas.

Número de Jugadores Involucrados (múltiples espacios pueden ser usados para grupos más grandes): Dos.

Otros recursos: 1 x bola.

Roles de los Jugadores Involucrados:

- *Jugador Uno* - Receptor.
- *Jugador Dos* - Alimentador.

Acciones de los Jugadores Involucrados:

- *Jugador Uno* - Recibir el balón con un buen primer toque.
- *Jugador Dos* - Alimentación en pases de diferente precisión y estilo.

Habilidades clave del jugador involucrado:

- *Jugador Uno* - El receptor debería:
o Concéntrese completamente en la pelota, sin distraerse con el movimiento a su alrededor;

o Deje caer su pie receptor ligeramente hacia atrás, para amortiguar la recepción de la pelota, luego muévala ligeramente en la dirección en la que desea que la pelota se mueva;

o Asegúrese de que su peso esté por encima de la pelota, para que no se balancee en el aire;

o Proteja el balón de los adversarios asegurándose de que su cuerpo esté entre el adversario y el balón.

- *Jugador Dos* - El alimentador simplemente presenta la pelota con precisión a la persona que está probando el ejercicio

Organización del simulacro: Este es un simulacro muy simple. Pero la repetición es necesaria para que la habilidad se adquiera. El alimentador envía diez pases al receptor, para que éste pueda controlar el balón con su pie preferido. El receptor controla la pelota golpeándola, bajo control a medio metro delante de ellos.

El ejercicio se repite diez veces y luego los jugadores intercambian posiciones.

Desarrollo: El alimentador comienza a variar el tipo de pase que envía al receptor. Los pases van al pie derecho, luego al pie izquierdo. Algunos son rectos, otros son más anchos, de modo que el receptor tiene que moverse para ponerse en línea con el pase. Otra novedad puede ser el envío de pases en el aire, a la altura de las rodillas. Aquí, el receptor mueve su cuerpo de modo que todavía pueda amortiguar la pelota y golpearla medio metro delante de él, pero tendrá que hacer el control con el pie receptor fuera del suelo. La cabeza sobre el balón y los brazos hacia fuera para mantener el equilibrio son dos habilidades clave en este caso.

Ejercicio Dos - Fácil

Nombre del simulacro: Tocada en primera en el espacio.

Objetivo del simulacro: Practicar el control de la pelota con un primer toque que se mueve a la izquierda, derecha o detrás del receptor.

Espacio requerido: Dos líneas a 10 metros de distancia. Una vez más, no tienen que ser líneas marcadas.

Número de Jugadores Involucrados (múltiples espacios pueden ser usados para grupos más grandes): Dos.

Otros recursos: 1 x bola.

Roles de los Jugadores Involucrados:

- *Jugador Uno* - Receptor.
- *Jugador Dos* - Alimentador.

Acciones de los Jugadores Involucrados:

- *Jugador Uno* - Recibir la pelota bajo control, tirándola al espacio con su primer toque.
- *Jugador Dos* - Para proporcionar pases precisos al receptor.

Habilidades clave de los jugadores involucrados:

- *Jugador Uno*

  o Controlar el balón con la parte interior del pie, empujándolo a través del espacio hacia el lado más fuerte. En la situación de partido, esta habilidad se utiliza cuando un jugador oponente se está acercando rápidamente, y el receptor desea atraerlo antes de mover el balón al espacio.
    - *Comience con la dirección del pie más fuerte, es decir, el pie derecho a la derecha.*
    - *Gire el hombro opuesto (es decir, el hombro izquierdo para el pie derecho).*

- *Deje caer el pie receptor hacia atrás, como para un primer toque normal, pero muévalo hacia la dirección en la que la pelota se desplazará a medida que se recibe el pase.*
- *Siga la pelota rápidamente a medida que se mueve en la dirección deseada.*
- *Nota: Rara vez se controla la pelota con el empeine para moverla al otro lado del pie receptor, es decir, al lado izquierdo para un pie derecho. Esto se debe a que la bola se desplaza naturalmente hacia atrás y hacia los lados en este caso, lo que dificulta su control.*
- *Esta es la razón por la que los mejores jugadores se sienten cómodos usando cualquiera de los dos pies. Las opciones para hacer su toque en primera se duplican.*

o Controlar el balón con la parte exterior del pie, empujándolo hacia el espacio tanto a la izquierda como a la derecha. Aunque se trata de una habilidad un poco más difícil, se emplea más comúnmente. Se utiliza cuando hay menos presión sobre el balón, o el siguiente pase cambiará la dirección del juego.

- *Gire el mismo hombro que el pie que jugará el balón (es decir, el hombro derecho para el pie derecho) ligeramente hacia el balón.*
- *Mueva el pie receptor hacia adelante (en lugar de hacia atrás como con un control del empeine), inclinándolo de modo que la pelota golpee la parte frontal intermedia de la parte exterior del zapato.*

- *Mueva el tobillo en la dirección en que la pelota se desplaza a medida que el pie y la pelota entran en contacto. Dado que este método de primer toque se utiliza generalmente cuando hay menos presión sobre la pelota, ésta debe ser golpeada uno o dos metros hacia el lado.*
- *Suelte ligeramente el hombro delantero y acelere en la dirección en la que ha viajado la pelota.*

o Controlar el balón con el centro interior del pie, empujándolo hacia el espacio detrás del receptor. Esta técnica tiende a utilizarse cuando hay presión que llega rápidamente al balón, y el objetivo principal es retener la posesión del balón.

- *Deje caer el pie receptor hacia atrás como si estuviera a punto de golpear la pelota hacia adelante en el espacio.*
- *Gire ligeramente el hombro opuesto hacia la dirección desde la que se desplaza la bola.*
- *Asegúrese de que el contacto sea con el empeine, hacia el centro y la parte posterior del pie (si está demasiado adelantado, se perderá control de la pelota, causando una probable pérdida de la posesión).*
- *Si simplemente se permite que el balón golpee al pie receptor, correrá detrás de la otra pierna, ligeramente hacia la dirección opuesta del pie (es decir, hacia atrás y ligeramente hacia la izquierda para un pie derecho); si se necesita más espacio para el toque,*

entonces el pie golpea el balón cuando hace contacto, pero el balón sigue moviéndose detrás del receptor.

- *El receptor gira rápidamente 180 grados, asegurándose de que la dirección de giro es hacia la pelota, de modo que ésta permanezca protegida (es decir, para un pie derecho que controla la pelota hacia atrás y ligeramente hacia la izquierda, el receptor hace su giro de 180 grados hacia la izquierda).*

• *Jugador Dos* - Este jugador simplemente entrega pases precisos.

Organización del simulacro: Una vez más, se trata de un ejercicio sencillo, pero con la repetición regular las habilidades que se están practicando se incorporarán en los jugadores. El alimentador asegura que los pases se entreguen en la posición correcta, primero directamente al receptor.

El receptor practica desplazando la pelota hacia la izquierda, luego hacia la derecha y luego hacia atrás, de modo que, en una situación de partido, pueda desplazarla automáticamente en la dirección más apropiada para la situación. Hasta la etapa de desarrollo, los pases son rectos, con el receptor moviendo su cuerpo para permitir que el primer contacto con el espacio ocurra según sea necesario.

Una vez más, el simulacro debe practicarse diez veces y luego los participantes intercambian posiciones.

Desarrollo: Al igual que con el primer ejercicio, el alimentador comienza a ofrecer pases de diferente precisión y altura, de modo que el receptor debe mover su cuerpo a la posición correcta para controlar la pelota de la manera requerida.

Ejercicio Tres - Moderado

Nombre del simulacro: Lidiando con la presión en la pelota.

Objetivo del simulacro: Aprender a jugar un primer toque en el espacio cuando se está bajo presión desde el frente.

Espacio requerido: Rejilla de 10 x 10 metros.

Número de Jugadores Involucrados (múltiples espacios pueden ser usados para grupos más grandes): Tres.

Otros recursos: 1 x bola.

Roles de los Jugadores Involucrados:

- *Jugador Uno* - Receptor.
- *Jugador Dos* – Interceptor
- *Jugador Tres* - Alimentador.

Acciones de los Jugadores Involucrados:

- *Jugador Uno* - El receptor toma un primer toque que pone la pelota en el espacio.
- *Jugador Dos* - El interceptor r crea una situación de semi-presión al poner presión sobre la pelota, pero de una manera que permita practicar el ejercicio.
- *Jugador Tres* - Alimenta la pelota con pases precisos.

Habilidades clave de los jugadores involucrados:

- *Jugador Uno* - Presión desde el frente:
  o El receptor utiliza las habilidades en ejercicios en dos para crear espacio.
  o El receptor decide la mejor manera de mantener la posesión mientras crea espacio con el toque en primera.
    ▪ *Opción segura - la opción más segura es llevar la pelota al espacio de atrás. Esto significa que el interceptor no puede obtener el balón sin cometer una falta; a menudo el toque al espacio será para*

sacar la falta, permitiendo que el juego se reanude con la posesión. Alternativamente, un simple pase de vuelta a un jugador en más espacio puede ser el paso por seguir.

• *Opción de Posesión Positiva -* Esta es una opción de bajo riesgo, usualmente permitirá que la posesión sea retenida, pero no creará el espacio para un pase de seguimiento realmente devastador. Aquí, el toque en el espacio ocurre lejos de la dirección desde la que el interceptor está presionando (es decir, si el interceptor viene de la derecha del receptor, ellos tomarán el pase por la parte exterior de su pie izquierdo, moviéndolo lateralmente lejos del interceptor). Esta opción tiene la ventaja de eliminar el riesgo de intercepción, siempre que la habilidad se lleve a cabo correctamente, pero el interceptor ya estará dirigiéndose hacia la pelota, por lo que será capaz de hacer que la jugada se cierre de forma rápida y fácil.

• *El receptor, con esta opción, debe mover su cuerpo entre la pelota y el interceptor después del toque al espacio. Puesto que (siempre que el toque sea bueno) el balón estará en la distancia de juego", esto no es obstrucción. No debe ser penalizado por el árbitro.*

• *Opción Riesgosa -* Aquí el primer toque lleva la pelota de vuelta a través de la dirección de la que viene el interceptor. Las habilidades son como en el Ejercicio Dos, pero aquí la pelota será barrida hacia el lado con un poco más de fuerza, y a 90 grados o más de la horizontal. De lo contrario, el riesgo de interceptación es demasiado grande.

- *Después de hacer la jugada, n, el receptor necesita levantarse sobre el interceptor que viene en dirección contraria, para evitar lesiones. Se dará una falta o se creará más espacio ya que el interceptor tendrá que reequilibrar para cambiar de dirección. Esto le da la oportunidad al receptor de jugar un pase con tiempo, o embarcarse en un regate.*

- *Jugador Dos* - El tackleador busca cerrar la pelota. A medida que se desarrolla el ejercicio, pueden tratar de ganar la posesión.

- *Jugador Tres* - El alimentador entrega pases precisos a los pies.

Organización del simulacro: El alimentador se encuentra en el centro de una línea de la rejilla. Enfrente se encuentra el receptor a un metro y medio de la línea. (Esto es para guiar el pase en el espacio que va detrás del receptor. Si este pase cruza la línea, es demasiado flojo y en un partido puede resultar en que un segundo oponente se meta para tomar el control de la pelota). El interceptor está en la misma línea que el alimentador, pero en la esquina. Al pasar la pelota, el interceptor intenta cerrar la pelota y ganar la posesión.

Después de diez repeticiones, los jugadores intercambian posiciones. Una vez que un jugador domina la habilidad básica, cuando regresa a la posición de receptor, se pueden emplear las siguientes ideas de desarrollo.

Desarrollo: El ejercicio puede ser desarrollado, y hecho más similar a la situación del partido, poniendo al interceptor en una posición inicial más cercana al receptor, y el alimentador enviando pases menos precisos, o algunos que están en el aire (no por encima de la altura de la rodilla) o inestables.

Ejercicio Cuatro - Moderado

Nombre del simulacro: Primer contacto en el espacio con presión desde atrás.

Objetivo del simulacro: Mantener una buena posesión cuando hay presión por detrás.

Espacio requerido: Una rejilla de 10 x 10 metros.

Número de Jugadores Involucrados (múltiples espacios pueden ser usados para grupos más grandes): Tres.

Otros recursos: 1 x bola.

Roles de los Jugadores Involucrados:

- *Jugador Uno* - Receptor.
- *Jugador Dos* - Interceptor.
- *Jugador Tres* - Alimentador.

Acciones de los Jugadores Involucrados:

- *Jugador Uno* - Recibe el balón por la parte delantera, a la vez que lo protege contra la presión por detrás.
- *Jugador Dos* - Presiona la pelota desde atrás del receptor. La presión debe aumentar a medida que el ejercicio se desarrolla, hasta que al final se hacen intentos genuinos de ganar la pelota.
- *Jugador Tres* – Alimenta pases al receptor.

Habilidades clave de los jugadores involucrados:

- *Jugador Uno* - Emplea las habilidades relevantes del ejercicio dos.

  o *El brazo trasero del receptor debe extenderse hacia atrás para hacer contacto con el interceptor.*
    - *El contacto debe ser en el área del pecho - más alto que esto podría resultar en una falta y potencialmente una tarjeta amarilla o incluso roja por conducta violenta.*

- *Tiene que ser con la parte plana de la mano o con los dedos. La camisa del oponente no puede ser sostenida.*

- *Si el jugador puede ser marcado, entonces el primer toque debe ser hacia adelante, si no pueden, entonces podría haber tiempo para mover la pelota lateralmente con el primer toque. Esto sólo puede juzgarse por la conciencia espacial del jugador y la comunicación entre compañeros.*

- *A medida que se produce el primer contacto, el receptor empuja al interceptor. Esto tiene un doble efecto. Crea un impulso hacia adelante para el receptor, de modo que pueda avanzar a su primer toque más rápidamente. Pone el peso del interceptor hacia atrás, disminuyendo la velocidad de o su siguiente movimiento.*

- *Otra ventaja es que el receptor puede sentir si el interceptor va a intentar rodearlo para arrebatarle el balón.*

- *Si se detecta esto, el receptor gira sus caderas para mantenerlas entre el interceptor r y la pelota.*

- *El receptor toma el pase con su pie ahora más atrasado.*

- *Inclinan el pie, por dentro o por fuera, para sacar el balón por detrás y lejos del interceptor*

- *Después del pase, completan el giro de las caderas, colocando todo el cuerpo entre el interceptor y el balón, y se alejan. Esto se llama "convertir" a un oponente.*

- *Necesitan tener cuidado de no hacer contacto con sus caderas. A veces, los jugadores que interceptan s buscarán esto, y caerán si se hace el contacto. Los árbitros a veces consideran que girar con contacto es ilegal y otorgarán un tiro libre contra el receptor.*

- *Jugador Dos* - El interceptor debe intentar ganar la pelota sin cometer una falta. Si el simulacro se realiza correctamente, esto debería ser imposible.
- *Jugador Tres* - Pasa con precisión a los pies del receptor.

Organización del simulacro: El alimentador pasa a los pies del receptor. El interceptor presiona al jugador con la pelota. El receptor controla el balón con un primer toque que lo aleja del interceptor. El ejercicio se completa diez veces, luego los jugadores cambian de posición.

Desarrollo: Al igual que con otros ejercicios de esta sección, este simulacro puede ser desarrollado por el alimentador ofreciendo diferentes tipos de pases.

- Un pase menos preciso, requerirá que el receptor se mueva de su posición.
- Un pase al pecho.
  o Aquí el receptor tiene tres opciones.
  ▪ *Puede detener el pase con el pecho (dejando caer los brazos hacia los lados y empujándolos hacia atrás), y con firmeza lanzar el*

balón hacia atrás en la dirección en la que vino con un pase de vuelta. La habilidad es extender el pecho, y empujar firmemente la pelota con un contacto.

- Pueden dirigir el balón al lado. Aquí, el pecho se gira para dirigir la pelota con un contacto en la dirección deseada.
- Pueden darle un toque al balón con menos firmeza, dejando caer las rodillas para empujarlo hacia arriba y crear la oportunidad de un segundo toque.
- Un pase a la altura de la cabeza.
  o Una vez más, hay un par de opciones.
  - Un pase de cabeza ya sea hacia atrás o hacia atrás, o rebotando el balón en otro jugador que se encuentre al lado.
  - Un toque de cabeza hacia el espacio. Esto implica girar y golpear la cabeza para entrar en contacto con el balón, y tratar de amortiguar la bola para que se mueva suavemente tanto hacia arriba como en la dirección deseada. El jugador entonces acelera más allá del interceptor, que se mueve hacia delante, no hacia los lados, en el espacio creado.
- Pasando desde el suelo. Estos pases pueden ser difíciles de empujar al espacio con un primer toque, ya que la presión del interceptor puede afectar el equilibrio.
  o Si este es el caso, el receptor debe apuntar a poner su primer toque delante de ellos, cerca de su cuerpo. Esto se hace retirando el movimiento del pie luego del primer contacto con el balón.

o El espacio se crea con el segundo toque. Es una forma menos eficaz de crear espacio, y se debería animar a los jugadores a que desplacen el balón sobre el terreno apenas sea posible.

Ejercicio Cinco - Difícil

Nombre del simulacro: Primer toque al espacio en situación de partido.

Objetivo del simulacro: Reproducir el trabajo realizado en situaciones puramente de entrenamiento en situaciones de partido más realistas.

Espacio requerido: Rejillas de 9 x 10 x 10 metros en un cuadrado de 3 x 3. El ejercicio se puede trabajar utilizando medio campo y asignando zonas para que los defensores lo protejan.

Número de Jugadores Involucrados (múltiples espacios pueden ser usados para grupos más grandes): Diez en dos equipos de cinco.

Otros recursos: 6 bolas, baberos de colores (por ejemplo, cuatro rojos y uno naranja para los jugadores defensivos, cuatro azules y uno blanco para los ofensivos).

Roles de los Jugadores Involucrados:

- *Jugador Uno* - Alimentador; el jugador uno también actúa como receptor.
- *Grupo de Jugadores Dos* - Cuatro receptores más.
- *Jugador Tres* - Defensor Libre, o interceptor.
- *Grupo de Jugadores Cuatro* - Cuatro defensores o interceptores más.

Acciones de los Jugadores Involucrados:

- *Jugador Uno* - Este jugador comienza cada jugada, luego se une como un receptor atacante extra. Este jugador puede entrar en la cuadrícula de 10 x 10 metros en cualquier momento.
- *Grupo de Jugadores Dos* – Ellos son los otros cuatro atacantes. Estos jugadores comienzan en una sola casilla de cuadrícula, y pueden mover a cualquier casilla de cuadrícula adyacente para recibir un pase.
- *Jugador Tres* - El defensor libre puede entrar en cualquier casilla de la cuadrícula para hacer una intercepción.
- *Grupo de Jugadores Cuatro* - Estos defensores restantes comienzan en una cuadrícula de 10 x 10 metros y deben permanecer dentro de ella.

Habilidades clave de los jugadores involucrados: Este es un simulacro de movimiento rápido, donde las habilidades se practican en una situación de tiempo real. Las habilidades futbolísticas son las que se desarrollan en los ejercicios 1-4, pero aquí se desarrolla la inteligencia de movimiento y posicionamiento. La comunicación es otra habilidad, y el entrenador debe animar a ambos equipos a hacerlo.

- *Jugador Uno* - Este jugador siempre será un jugador de repuesto, capaz de tomar la decisión de moverse a una casilla que no está defendida para recibir un pase fácil y poner al equipo atacante en posición de avanzar una vez más. La habilidad es juzgar cuándo apoderarse del pase fácil, que puede ser controlado sin presión de los demás jugadores para reiniciar el ataque.
- *Grupo de Jugadores Dos - Las* habilidades adicionales a las que se practican en los ejercicios 1-4 son la comunicación y la toma de decisiones después del primer toque.
- *Jugador Tres* - Comunicación. Es el jugador defensivo con mayor flexibilidad de movimiento y, por tanto, el que debe asumir las funciones organizativas de la defensa.
- *Grupo de Jugadores Cuatro* - Presionar la pelota de manera efectiva. Anime a los jugadores a cerrar de lado para permitir un cambio de dirección más fácilmente. (Esta es una habilidad secundaria al enfoque principal, que es el primer contacto con el espacio)

Organización del simulacro: El ejercicio comienza con un pase del Jugador Uno a un compañero de equipo. Este jugador da el primer toque en el espacio y deja el balón en manos de un compañero. Los movimientos constantes (ilimitados para el Jugador Uno) desarrollan el concepto de moverse en el espacio, mientras que tener algunas rejillas de repuesto permite un "pase fácil" para poner en marcha la posesión una vez más, más bien como un pase de vuelta a un defensor central o a un portero en un partido.

Ejecutar el simulacro durante dos o tres minutos, luego cambiar los equipos atacantes y defensivos, cambiando a la persona que actúa como Jugador Uno.

Desarrollo: El dorsal blanco se da al Jugador Uno, el azul al Grupo Dos, el naranja al Jugador Tres y el rojo al Grupo Cuatro.

El objetivo del ejercicio es mantener la posesión, utilizando el primer toque en el espacio para crear el espacio para jugar un pase bajo menos presión. El Jugador Uno comienza en cualquier lugar fuera de la cuadrícula completa de 9 x 9. Este jugador pasa a los pies de cualquier compañero de equipo. El Jugador Uno entonces se mueve a la rejilla completa, y puede moverse a cualquier parte, a las cuadrículas defendidas y no defendidas, para estar disponible para un pase.

El Grupo de Jugadores Dos debe estar disponible para un pase. NO pueden entrar en otra cuadrícula ocupada por otro atacante, pero tienen algún movimiento entre cuadrículas. Reciben el pase, deciden cuál de los primeros toques en el espacio que van a usar, y luego pasan a otro jugador, moviéndose después dentro de la cuadrícula o a uno adyacente. La forma más eficaz de atacar es avanzar a un ritmo rápido, y el toque en el espacio más eficiente es aquel en el que el balón va directamente hacia delante desde el punto de impacto. Los entrenadores deben fomentar este toque siempre que sea posible, pero los jugadores deben dar prioridad a mantener la posesión por encima de esto. Así, con el tiempo, desarrollan la comprensión de cuándo la mejor opción es avanzar y cuándo es más seguro moverse lateralmente o hacia atrás.

Dentro de las limitaciones que se les imponen, todos los jugadores defensivos intentan ganar la posesión. Cuando tienen éxito, el jugador uno comienza el simulacro una vez más con un pase desde fuera de la cuadrícula de 9 x 9.

La mejor manera de realizar el simulacro es realizarlo durante unos veinte minutos. Cada dos minutos cambian los Jugadores Uno y Tres, y después de cinco rotaciones intercambian los equipos atacantes y defensores.

Una parte del éxito de este simulacro es que en cualquier momento el equipo puede moverse por el pase "fácil", es decir, el que entra en una cuadrícula no defendida. El jugador allí tiene tiempo para un buen primer toque y para reiniciar el movimiento de ataque. Al igual que en un partido, un pase lateral o hacia atrás suele ser una opción fácil para retener la posesión, aunque, como permite que las defensas se reorganicen, rara vez puede atravesarlas. Cuando se trabaja con equipos más jóvenes, donde el panorama general puede perderse detrás de la necesidad de "ganar", puede ser necesario imponer límites para evitar que cada pase se convierta en un espacio sin marcar.

Desarrollo: Este ejercicio se desarrolla mejor reduciendo la cantidad de espacio que los jugadores tienen que usar. Esto significa que el pase tiene que ser más preciso y veloz, hay menos opciones de pase "seguro" y por lo tanto el primer toque tiene que ser más nítido para permitir que el siguiente pase se haga evitando demasiada presión, lo que a su vez afecta la precisión de la jugada. La reducción de la rejilla completa a una de 2 x 3 rejillas de 10 x 10 metros logra esto.

Ejercicio Seis - Difícil

Nombre del simulacro: Primer toque en el espacio para crear oportunidades de puntuación.

Objetivo del simulacro: Crear el espacio y el tiempo para un pase preciso que se convierte en un pase de asistencia para un tiro a puerta.

Espacio requerido: Medio tono.

Número de Jugadores Involucrados (múltiples espacios pueden ser usados para grupos más grandes): Trece.

Otros recursos: Varias bolas, baberos.

Roles de los Jugadores Involucrados:

- *Equipo Uno* - Atacantes.
- *Equipo Dos* - Defensores.
- *Jugador Tres* - Portero.

Acciones de los Jugadores Involucrados:

- *Equipo Uno* - Intentar crear oportunidades de gol.
- *Equipo Dos* - Intentar prevenir oportunidades de gol.
- *Jugador Tres* - Actúa como guardameta.

Habilidades clave de los jugadores involucrados: Estos son como en el ejercicio cinco. Los jugadores utilizan su primer toque en el espacio, su toma de decisiones, su comunicación y su movimiento para crear o defenderse de un disparo a puerta.

Organización del simulacro: Es un ejercicio sencillo de organizar. Utilizando la mitad del terreno de juego, el grupo se divide en dos equipos más un guardameta. Un área está designada sólo para los atacantes, de modo que siempre hay un pase fácil para reconstruir un ataque, o cambiar de juego. Puede ser la otra mitad del campo o, para crear más presión, la D del círculo central. Se puede crear una dificultad añadida si se permite que un defensor entre en esta zona.

El objetivo es crear un espacio con el primer toque que permita una jugada que resulte en un pase preciso. A los equipos se les debe enseñar el valor de la paciencia y la importancia de mantener la posesión para hacer esto.

Ejecutar el simulacro durante diez minutos, luego cambiar los equipos. En el caso de los jugadores más jóvenes, la competencia se puede crear otorgando puntos por ciertos logros. Por ejemplo, un punto por un tiro, tres puntos por un tiro dentro del área penal (más difícil de crear), cinco puntos por un tiro al blanco y diez por un gol.

Desarrollo: Se puede añadir presión de tiempo para acelerar la reproducción. Se puede añadir un atacante adicional para crear un "hombre de repuesto".

Ejercicio Siete - Moderado

Nombre del simulacro: Primer toque en el espacio para un tiro.

Objetivo del simulacro: Desarrollar un primer toque que cree una oportunidad para un tiro limpio con el segundo contacto con el balón.

Espacio requerido: 30 x 20 metros con portería. Este taladro funciona bien usando medio tono.

Número de Jugadores Involucrados (múltiples espacios pueden ser usados para grupos más grandes): Hasta diez, pero se puede practicar con sólo tres.

Otros recursos: 4 x bolas.

Roles de los Jugadores Involucrados:

- *Jugador Uno* - Alimentador.
- *Grupo de Jugadores Dos* - Cuatro delanteros, repartidos por toda la cancha.
- *Grupo de Jugadores Tres* - Un defensor por cada delantero.
- *Jugador Cuatro* - Un guardameta.

Acciones de los Jugadores Involucrados:

- *Jugador Uno* - Proporciona un pase para que el delantero corra hacia él.
- *Grupo de Jugadores Dos* - Desde sus posiciones iniciales, se mueven hacia el pase, dan un buen toque al espacio y disparan o regatean al guardameta, y anotan.
- *Grupo 3 de Jugadores* - A partir del punto de limitación que se les impone, tratan de presionar a los delanteros.
- *Jugador Cuatro* - El guardameta utiliza sus habilidades de posicionamiento y de guardameta para tratar de evitar que los adversarios marquen.

Habilidades clave de los jugadores involucrados:

- *Jugador Uno* - Debe medir el pase para que el delantero pueda correr hacia la pelota. Este es un trabajo particularmente importante en este simulacro.

- *Grupo de Jugadores Dos* - Los delanteros reciben el balón n el momento del pase, ajustando sus pies para que su primer toque cree la oportunidad de un disparo a la portería con su siguiente jugada. Esto significa que el primer toque toma la pelota:

    o *A lo largo del suelo.*

    o *Aproximadamente dos metros delante de ellos.*

    o *Ligeramente hacia un lado, para que el pie que dispara pueda golpear sin romper el paso.*

    o *A una posición en la que puedan darse el tiempo suficiente para posicionarse, es decir, conseguir el equilibrio adecuado para la toma.*

    o *De una manera que asegure que sus brazos y cabeza estén en las posiciones correctas para disparar bajo control. Brazos extendidos para mantener el equilibrio y protegerse de los defensores, cabeza sobre el balón.*

    o *En una posición (es decir, alrededor de dos metros por delante y ligeramente hacia los lados) que permita un golpe suave con el pie, normalmente golpeando el balón con la mano:*

    El empeine para la potencia

    - El exterior de la bota para inducir el giro.
    - El arco del pie para proporcionar curvatura, permitiendo que el cuerpo se abra y que la pelota se curve en la esquina más alejada.

- El interior de los dedos de los pies para un corte inesperado.
- *Grupo de Jugadores Tres* - Intentos de prevenir el disparo dentro del rol que se les da.
- *Jugador Cuatro* - El guardameta utiliza la posición y la habilidad del arquero para guardar el tiro.

Organización del simulacro: Dependiendo de los niveles de habilidad de los jugadores, hay varias etapas en la organización del simulacro.

En primer lugar, los jugadores atacantes deben identificar desde su posición las *mejores* opciones para un golpe al arco. En términos generales, para un jugador diestro:

- Desde la banda derecha, o bien se hace un pase a través de la portería, o se pone un centro de cabeza. Si dispara, es probable que sea con la parte exterior de la bota para llevar el balón de vuelta a la esquina más lejana. Esta es una habilidad difícil. Una alternativa podría ser conducir el balón con el empeine hacia el primer palo en un intento de golpear al guardameta con fuerza.
- Del centro, al centro- derecha: Esta es la posición en la que, para el diestro, existen la mayoría de las opciones. El primer toque en el espacio debe permitir al jugador: tirar el balón por encima del

guardameta, dejar al guardameta mudo y golpearle con un regate, 'pasar' el balón a la portería con el empeine, tirar un tiro con los cordones.

- El centro izquierdo, la mayoría de los jugadores, abren el cuerpo de modo que están con el pecho hacia la portería, se inclinan muy ligeramente lejos de la pelota (no demasiado, o se elevará por encima de la barra) y golpean firmemente hacia el exterior del poste lejano con el empeine. El balón debe quedar fuera del área del guardameta, pero debe regresar y terminar dentro del segundo palo.

- La izquierda ancha, que es la posición más difícil de anotar para un jugador de pie derecho. El primer toque aquí suele ser lateral, llevando el balón hacia la esquina del área penal. El ángulo en el que el jugador corre hacia el balón permite un golpe potente con los cordones hacia el exterior del poste lejano, que debe enroscar el balón hacia atrás y hacia la esquina lejana de la portería. Cuando se logran, pueden ser goles espectaculares.

Mientras los jugadores practican estos diferentes acabados, pueden hacerlo sin defensas. A medida que los defensores aumentan gradualmente, pueden pasar por las siguientes etapas:

- Estático, sólo siendo una presencia más de la cual el primer toque puede tomar la pelota (en este caso se pueden utilizar estatuas o conos como defensas).
- Persiguiendo al delantero. Aquí el defensor comienza entre 5 y 10 metros por detrás del delantero, lo que significa que tiene mucho tiempo para entrar en su tiro, siempre que el primer toque sea bueno.
- Defensa completa. Poco a poco, los defensores pueden empezar desde más cerca del delantero hasta que lo marquen correctamente. En esta situación, habrá muchas oportunidades menos exitosas para disparar, por lo que este aspecto del ejercicio debe utilizarse con moderación.

El simulacro consiste en que cada jugador atacante tiene cinco tiros en cada posición, y luego los equipos pueden cambiar.

Desarrollo: Un buen desarrollo para el ejercicio es convertirlo en un juego de equipo. El principio funciona como antes. El Jugador Uno, el alimentador, comienza con un pase, pero puede ser para cualquier jugador. Ese jugador decide entonces si dispara después de su primer toque, o deja un pase a uno de sus compañeros de equipo, que se han movido a buenas posiciones goleadoras desde sus propios puntos de partida, que son como en el Ejercicio de arriba.

El número de defensores puede ser introducido gradualmente hasta que sea 4 v 4.

Ejercicio Siete - Fácil

Nombre del simulacro: Primer toque y disparo desde un pase corto.

Objetivo del simulacro: Dar un buen primer toque con un pase corto que conduce a un tiro al arco.

Espacio requerido: Área penal y gol.

Número de Jugadores Involucrados (múltiples espacios pueden ser usados para grupos más grandes): De tres a diez.

Otros recursos: Varias bolas.

Roles de los Jugadores Involucrados:

- *Jugador Uno* - El alimentador pone un pase corto, de 5 metros, lateral o ligeramente hacia atrás al delantero en marcha.

- *Grupo de Jugadores Dos* - Estos son los delanteros, que están tratando de tomar un toque y luego disparan hacia el arco.
- *Jugador Tres* - Portero
- *Jugador Cuatro* - No hay necesidad de defensores en este ejercicio ya que, aunque estarían presentes en un partido, el objetivo es desarrollar las habilidades para el primer toque y el tiro.

Acciones de los Jugadores Involucrados:

- *Jugador Uno* - Para dar un pase corto.
- *Jugador Dos* - Para dar un buen primer toque y disparar.
- *Jugador Tres* – Tapar el tiro.

Habilidades clave de los jugadores involucrados:

- *Grupo de Jugadores Dos* - En primer lugar, deben dar un buen primer toque mientras corren. Puesto que el objetivo será no romper el paso, el toque será con la parte exterior del pie tirador si el balón retrocede en la dirección de la que viene, y con el empeine si lo lleva más allá de la portería. La pelota debe ser golpeada uno a uno y medio metros delante de ellos por el golpeador, en un ángulo de alrededor de 45 grados. El tiro debe ser con dirección a la portería. Ya que esta opción se tomaría cuando se está bajo presión, los tiros a ambos lados deben ser fuertes y, por lo tanto, deben ser golpeados con los cordones, la cabeza por encima de la pelota y los brazos hacia fuera para mantener el equilibrio y la protección.

Organización del simulacro: Para un jugador diestro: Los jugadores se alinean en el centro, a unos 25 metros de la portería. El jugador a punto de disparar comienza su carrera. El alimentador se coloca en el borde del área a la derecha del corredor y golpea un pase lateral o ligeramente hacia atrás. El jugador da un toque sin dar zancadas, usando la parte exterior de su pie y la parte posterior hacia la dirección de donde vino la pelota. Disparan, usando los cordones, con su siguiente toque.

A continuación, el alimentador se coloca a la izquierda de los delanteros en marcha. Esta vez los golpeadores disminuyen ligeramente la velocidad cuando están a punto de recibir el balón, lo dejan correr a través de sus cuerpos y lo dirigen aproximadamente un metro hacia adelante y hacia los lados en la dirección en la que el balón ya está entrando, dirigiendo el toque a unos 45 grados. El delantero desplaza su peso y se mueve sobre el balón, golpeándolo para obtener potencia.

Desarrollo: Se puede proporcionar una defensa estática, alrededor de la cual el delantero mueve el balón con su primer toque.

Movimiento sin el balón

Como hemos subrayado al principio de este libro, el fútbol es un juego sencillo. Anota más veces que tu oponente y ganarás. Por supuesto, marcar esos goles e impedir que el otro equipo reviente tu arco con sus propios disparos suele ser más fácil de decir que de hacer.

En el último capítulo analizamos cómo la posesión del balón puede utilizarse eficazmente para crear oportunidades de gol. En este y en el siguiente, nos concentraremos en lo que los jugadores pueden hacer cuando no tienen el balón para aumentar las posibilidades de que sus equipos consigan la victoria.

Ofensivamente, el movimiento sin posesión de la pelota busca alcanzar uno de dos objetivos:

- Crear espacio para los jugadores que no tienen posesión de la pelota. Logrando así, por ejemplo, una carrera por sorpresa (correr a espaldas de un oponente, lo que a veces se conoce como "salir corriendo" del oponente) puede crear el ángulo para un pase decisivo, y el espacio para hacer algo constructivo con ese pase cuando se recibe.

- Crear espacio para el jugador en el balón y otros compañeros de equipo. Por ejemplo, si el jugador A está regateando con fuerza en una defensa y el jugador B está tratando de ponerse en posición de recibir un pase, cuando el jugador C hace un movimiento sin el balón, podría llevarse a un defensor mientras este intenta cubrir esa carrera. Esto, a su vez, crea más espacio para los jugadores A y B.

El movimiento sin posesión de la pelota también es muy importante para la defensa. Hay fundamentalmente cuatro aspectos en la defensa. La primera es presionar el balón y hacer entradas. Los otros tres, sin embargo, se alejan de la pelota.

- Seguimiento y cobertura del espacio. Por lo tanto, cuando un compañero se mueve para presionar el balón o marcar una carrera, el espacio que queda debe ser ocupado.
- Cuando un oponente hace una carrera, esa carrera necesita ser rastreada.
- El tercer aspecto del movimiento defensivo del balón es el que más se ajusta a nuestra definición de inteligencia futbolística. Esta es la capacidad de predecir o anticipar dónde terminará el balón, o dónde saldrá del balón.

Hablamos de Franz Beckenbauer y Bobby Moore al principio del libro, marcándolos como dos de los jugadores defensivos más inteligentes de todos los tiempos. Lo que estos jugadores hicieron tan bien fue anticipar dónde terminaría el balón. Por lo tanto, siempre parecían estar en el lugar correcto en el momento adecuado. Y así, su trabajo era más fácil.

El movimiento ofensivo sin interacción con la pelota es dramático cuando conduce a resultados. El pase dado en el camino del corredor cortará la defensa y creará oportunidades de tiro o de asistencia. Observar este movimiento es estéticamente agradable. Es el material de los jugadores de 100 millones de dólares. Es lo que la multitud paga por ver.

La cobertura defensiva sin manejo del balón es menos espectacular, no se mete tanto en la mente del espectador. Pero al final del juego, cuando su equipo ha ganado 2-0, y el mejor jugador del oponente ha tenido un juego sin acontecimientos notables es probablemente porque un jugador defensivo ha anticipado, una y otra vez, el movimiento y el pase de sus oponentes.

Muchos buenos equipos son magníficos con el balón, y sus jugadores lo lanzan al espacio con un control espectacular. Estos son los equipos que los aficionados neutrales quieren ver, como el Arsenal, el Nápoles y el Spurs, en los últimos años. Pero los equipos que ganan campeonatos son los que también tienen inteligencia defensiva.

Francia ganó la reciente Copa del Mundo, denominada por muchos expertos como una de las más emocionantes de la historia. Pero a pesar de toda la emoción ofensiva de Mbappe y Pogba, fue la inteligente actuación de Olivier Giroud en la delantera, la defensa de Ngolo Kante en el mediocampo y el trabajo en equipo y la lectura del juego de Umtiti y Varane en la retaguardia lo que selló su estatus como el mejor del mundo.

Un breve mensaje del Autor:

Oye, ¿estás disfrutando el libro? ¡Me encantaría escuchar tus pensamientos!

Muchos lectores no saben lo escasas que son las críticas y lo mucho que ayudan a un autor.

Estaría increíblemente agradecido si pudieras tomarte sólo 60 segundos para escribir una breve reseña en Amazon, ¡aunque sólo sean unas pocas frases!

Por favor, diríjase a la página del producto y deje una reseña como se muestra a continuación.

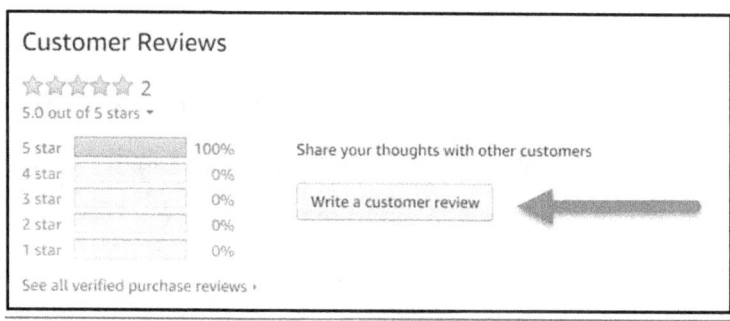

¡Gracias por tomarse el tiempo para compartir sus pensamientos!

Su opinión realmente hará una diferencia para mí y me ayudará a difundir mi trabajo.

Ejercicios para mejorar el movimiento sin el balón

Ejercicio Ocho - Fácil

Nombre del simulacro: Cuadrados y triángulos.

Objetivo del simulacro: Animar a los jugadores a que se pongan en posición para recibir un pase clave.

Espacio requerido: Una cuadrícula grande, de un mínimo de 15 x 15 metros (cuanto más grande sea la cuadrícula, más fácil será el ejercicio). En el centro de la cuadrícula, un triángulo equilátero con lados de 4 metros, marcados con un cono en cada esquina. El objetivo es pasar la pelota a través del triángulo y hacer que sea recibida y controlada por el otro lado.

Número de Jugadores Involucrados (múltiples espacios pueden ser usados para grupos más grandes): Cinco.

Otros recursos: 1 x bola.

Roles de los Jugadores Involucrados:

- *Grupo de Jugadores Uno* - Estos son los jugadores atacantes.
- *Jugador Dos* - Este es el único defensor.

Acciones de los Jugadores Involucrados:

- *Grupo de Jugadores Uno* - Pasar y moverse para crear espacio para que un pase sea hecho a través del triángulo y recibido en el otro lado. Los jugadores que atacan no pueden entrar en el triángulo, y pueden pasar alrededor del triángulo (dentro de la cuadrícula) para crear una buena posición para el pase clave (es decir, el que pasa a través del triángulo).
- *Jugador Dos* - Intentó interceptar el pase. No se le permite entrar en el triángulo.

Habilidades clave de los jugadores involucrados:

- *Grupo de Jugadores Uno* - La habilidad principal que se está probando es la capacidad de movimiento para crear un ángulo que lleve a un pase exitoso. Los jugadores intentarán leer el juego para poder anticipar el pase clave dos o tres pases antes de que este suceda. También se están desarrollando algunas habilidades secundarias. Esto incluye la comunicación, lograr el primer pase en el espacio para poder mover la pelota de forma rápida y precisa. Por último, los jugadores desarrollarán su capacidad para realizar pases cortos, precisos y rápidos, a veces en el primer toque y a veces en el segundo.

• *Jugador Dos* - Si el ejercicio funciona bien, el Jugador Dos no debería ser capaz de acercarse demasiado a la pelota. Sin embargo, este jugador está desarrollando habilidades de anticipación, y también la aptitud física, ya que se estarán moviendo rápida y constantemente.

Organización del simulacro: Los cuatro jugadores atacantes (Grupo de Jugadores Uno) usan pases rápidos y cortos para crear el espacio para el pase clave. Cuando se presenta la oportunidad, la pelota se pasa a través del triángulo para anotar un punto con el pase clave. Sin embargo, la pelota debe ser recibida limpiamente en el otro lado del triángulo. El entrenador debe fomentar constantemente el movimiento inteligente, gritando a los jugadores para que piensen con anticipación en las dos o tres jugadas siguientes. El entrenador debe detener el ejercicio periódicamente para demostrar cómo se puede mejorar el movimiento descifrando dónde direccionaran el siguiente pase sus compañeros

Se anima a los delanteros a que se desplacen lejos del triángulo para ampliar los ángulos de los pases que pueden recibir, y a que le den más opciones al proyector su primer toque en el espacio después de recibir el pase clave.

Cambiar el defensor después de cada intercepción, o cada dos minutos.

Desarrollo: El ejercicio puede ser más desafiante añadiendo un segundo defensor, o haciendo el triángulo central más pequeño, digamos a 3 x 3 x 3 metros.

Ejercicio Nueve - Difícil

Nombre del simulacro: Carreras por el lado ciego

Objetivo del simulacro: Busca animar a los jugadores a hacer carreras por sorpresa desplazándose por el espacio.

Espacio requerido: Rejilla de 20 x 20 metros.

Número de Jugadores Involucrados (múltiples espacios pueden ser usados para grupos más grandes): Cuatro.

Otros recursos: 1 x bola.

Roles de los Jugadores Involucrados: En varias ocasiones, cada jugador pasa, hace una carrera de lado ciego y recibe el pase. Es un ejercicio muy fluido.

- *Jugador Uno* - Comienza en el centro de la línea a la izquierda de la cuadrícula.
- *Jugador Dos* - Comienza diez metros detrás del Jugador Uno, en la esquina inferior de la cuadrícula
- *Jugador Tres* - Comienza a diez metros delante del Jugador Uno en la esquina superior de la cuadrícula
- *Jugador Cuatro* - Comienza el Jugador Uno opuesto en el medio de la línea de mano derecha de la cuadrícula *Acciones de los Jugadores Involucrados:*
- *Jugador Uno* – Pasa el balón al Jugador Tres, luego hace una carrera por el punto ciego del Jugador Tres. Continúa su carrera y recibirá un pase, aproximadamente a mitad de camino a lo largo de la línea superior de la rejilla. Este pase será del Jugador Dos. El Jugador Uno pasa al Jugador Cuatro, y continúa su carrera hasta que se encuentra en la esquina superior de la línea de mano izquierda de la cuadrícula. Entonces está listo para que el ejercicio se reproduzca desde el otro lado.

- *Jugador Dos* - Mientras el Jugador Uno hace su primer pase, el Jugador Dos se mueve hacia el centro de la cuadrícula. Recibe un pase corto (dos metros máximos) del Jugador Tres. El Jugador Dos luego juega un pase durante la carrera del Jugador Uno (ver arriba). El Jugador Dos finalmente se mueve a la posición desde la cual el Jugador Uno comenzó, preparándose para el ejercicio que se juegue desde el otro lado.

- *Jugador Tres* - El Jugador Tres recibe el pase del Jugador Uno y luego regatea el balón hacia el centro de la cuadrícula mientras que el Jugador Uno hace su carrera por detrás de él. Cerca del centro de la parrilla, el Jugador Tres juega un pase corto al Jugador Dos, el Jugador Tres luego se dirige a la esquina inferior de la línea de la mano izquierda de la rejilla listo para que el ejercicio se repita en la otra dirección.

- *Jugador Cuatro* - El jugador Cuatro recibe el pase final del Jugador Uno. Luego espera a que todos se pongan en posición y comienza el ejercicio desde su lado. El Jugador Cuatro repite las acciones del Jugador Uno.

Habilidades clave de los jugadores involucrados: A través del simulacro los jugadores rotarán y asumirán cada posición. Las habilidades clave identificadas a continuación son para la PRIMERA rotación del simulacro.

- *Jugador Uno* - Este jugador debe:

  o Hacer un pase con precisión y firmeza por el suelo, utilizando el empeine.

  o Hacer una carrera por sorpresa detrás de su compañero de equipo (Jugador Tres), luego cambia el ángulo de la carrera en 90 grados cuando llegue a la esquina de la cuadrícula

  o Hace un primer pase con control y precisión, usando el empeine y asegurándose de que su cabeza esté por encima de la pelota para mantenerla sobre el césped.

- *Jugador Dos* - Este jugador debe:

  o Hacer un pase con precisión hacia un compañero en movimiento. Posicionará su jugada delante de su compañero de equipo para que pueda correr hacia el balón, manteniendo de nuevo la cabeza por encima del balón y golpeando con firmeza con el empeine para asegurar que el pase se mantenga bajo y preciso.

  o Continuar la carrera al no tener posesión del balón.

- *Jugador Tres* - Este jugador practicará las siguientes habilidades:

  o Recepcionar un pase con el primero toque, y desplazar el balón por el espacio de modo que le permita avanzar.

  o Hacer un pase corto y controlado con el empeine mientras regatea.

  o Continuar una carrera sin posesión de la pelota.

- *Jugador Cuatro* - Este jugador recibe un pase y lo controla con un primer toque lateral en el espacio para que pueda pasar y reiniciar el ejercicio.

Organización del simulacro: Este es un ejercicio excelente en muchos sentidos. Es rápido y fluido. Practica muchas habilidades diferentes que son la clave para un fútbol inteligente: primer toque en el espacio; desplazamiento por el espacio para un jugador en carrera; la carrera sin el balón. También funciona de una manera que permite que todos los jugadores trabajen en estas habilidades. Sin embargo, es complicado. Trabajando los pasos siguientes con los cuatro jugadores (o usando un grupo para demostrarlo al resto del equipo) el ejercicio puede ser entendido en un par de minutos, y luego usado como calentamiento, o enfriamiento, en sesiones futuras.

1.Colocar a los jugadores en sus posiciones de salida, la pelota con el Jugador Uno.

2.Muestre su función a cada jugador individualmente con usted, como entrenador, realizando los papeles de otros jugadores. Así que, párate al lado del Jugador Tres, recibe el pase del Jugador Uno y regatea hacia el centro.

3.Una vez que los Jugadores Uno y Tres entiendan su papel, pídales que lo hagan mientras usted actúa como Jugador Dos.

4.Y así sucesivamente, actuando como Jugador Cuatro.

5.Una vez que el grupo de demostración tenga la idea, repásela dos veces (es decir, empezando por la línea de la derecha de la cuadrícula y luego por el lado izquierdo). Así demostrarán el simulacro al resto del equipo.

6.Los puntos de asesoría durante el simulacro real deben ser inicialmente para asegurarse de que todos los participantes hayan entendido su papel. Luego, concéntrese en la habilidad clave que cada jugador necesita en el recorrido particular que está haciendo.

Desarrollo: El ritmo puede ser incrementado haciendo todos los pases con un solo toque, en cuyo caso el Jugador Tres hace un pase, en lugar de regatear. Los jugadores Dos y Uno necesitan ponerse en posición más rápidamente para recibir su pase.

Se puede colocar un arco a 10 metros detrás del jugador 4. Este jugador ahora se da la vuelta y dispara al recibir el pase. Los Jugadores Uno y Tres continúan su carrera más allá de la línea izquierda de la rejilla. El jugador 4 pasa a uno de ellos, que dispara a portería.

Ejercicio Diez - Moderado

Nombre del ejercicio: Dar y Vete.

Objetivo del simulacro: Fomentar el movimiento de los jugadores cuando no están en posesión del balón. Los jugadores practicarán su carrera por el lado ciego.

Espacio requerido: Rejillas de 3 x 10 metros, o usar líneas ya marcadas en un campo, como las líneas largas en las áreas de penalización, desde la línea que marca la mitad de la cancha hasta las esquinas, a través de la línea de la mitad.

Número de Jugadores Involucrados (múltiples espacios pueden ser usados para grupos más grandes): Tres por grupo.

Otros recursos: 1 x bola por grupo.

Roles de los Jugadores Involucrados:

- *Jugador Uno* – Pasa el balón y se mueve, recibiendo el pase de vuelta con un primer toque en el espacio.
- *Los jugadores Dos y Tres* Pasan el balón y se mueven como se indica arriba, pero el movimiento debe ser por el lado ciego.

Acciones de los Jugadores Involucrados:

• *Jugador Uno* - Comienza de 5 a 10 metros (dependiendo de la habilidad) al lado de los otros jugadores, y cinco metros atrás del Jugador Dos. Pasa el balón y se mueve para recibir un pase cuadrado del Jugador Dos. El Jugador Uno da el primer toque al espacio y pasa el balón al Jugador Tres. Recibe la devolución como antes. Para entonces, el Jugador Dos ha pasado a recibir el siguiente pase, y así sucesivamente.

• *Jugador Dos* - Comienza en la línea de cuadrícula, o línea de banda, a 5 metros del Jugador Uno. Recibe el pase, le da un toque, desplaza el balón al espacio para que el segundo toque pueda ser un pase. Luego hace un pase lateral l al Jugador Uno, mientras este avanza ... El jugador dos corre detrás y 5 metros más allá del jugador tres, listo para recibir otro pase.

• *Jugador Tres* – Comienza a 5 metros del Jugador Dos. Luego realiza las mismas acciones que el Jugador Dos, haciendo la misma carrera por sorpresa.

Habilidades clave de los jugadores involucrados:

• *Jugador Uno:*

o Dar un pase preciso de hasta 10 metros por el suelo. El ejercicio sólo funciona si el pase está correctamente dirigido y medido para permitir un pase de retorno de dos toques.

o Dar el primer toque que mueve el balón al espacio, preparándolo para el siguiente pase.

o Avanza hacia el balón.

- *Jugadores Dos y Tres:*

o Recibir el pase con un buen primer toque que permita que el segundo toque sea un pase de vuelta.

o Hacer un pase con precisión y velocidad correcta al jugador que corre hacia el pase.

o Hacer una carrera por sorpresa detrás de otros jugadores, acelerando hacia el espacio para estar listo para el siguiente pase.

Organización del simulacro: El ejercicio es muy fluido. Los jugadores se colocan y se mueven como se indica en la sección anterior. El jugador 1 pasa al jugador 2 y recibe el pase de vuelta. Luego da el pase al Jugador Tres y de nuevo recibe la devolución. Para entonces el Jugador Dos ya se ha movido a una posición superior a la del Jugador Tres, y el pase se hace para ellos. Y así sucesivamente.

Desarrollo: Pasar con un solo toque hace que el ejercicio sea más desafiante y también más rápido. Las habilidades clave son que los jugadores controlen el pase sobre su pie y lo devuelvan con firmeza, con la cabeza por encima del balón. Una vez que la bola sale del piso, el simulacro se vuelve difícil de completar.

Ejercicio Once - Moderado

Nombre del simulacro: Movimiento defensivo del balón.

Objetivo del simulacro: Desarrollar la lectura del juego cuando no se tiene posesión.

Espacio requerido: Rejillas de 6 x 10 x 10 metros, en una disposición de 3 x 2, con una pequeña portería en un extremo. El ejercicio se realiza usando las cuadrículas como una tira larga y estrecha.

Número de Jugadores Involucrados (múltiples espacios pueden ser usados para grupos más grandes): Cinco.

Otros recursos: 1 x pelotas, baberos para los equipos.

Roles de los Jugadores Involucrados:

- *Jugador Uno* - Primer Defensor.
- *Jugador Dos* –Defensor sin posesión del balón.
- *Grupo de Jugadores Tres* - Atacantes.
- *Jugador Cuatro* - Portero.

Acciones de los Jugadores Involucrados:

- *Jugador Uno* - Presiona al hombre con la pelota.
- *Jugador Dos* - Cubre a su compañero defensor.
- *Grupo de Jugadores Tres* - Intentar anotar.
- *Jugador Cuatro* - Portero.

Habilidades clave de los jugadores involucrados:

- *Jugador Uno* –Aplicar presión sobre su compañero con el balón, buscando interceptar su jugada.
  o Comunicación con su compañero de equipo.
  o Posicionar su cuerpo en la posición correcta, direccionado hacia el atacante, ofreciendo la mejor oportunidad de pasar por su lado más débil, con las rodillas dobladas, ligeramente sobre los dedos de los pies.
  o Saber cuándo cambiar de posición para estar cubrir al defensor.

- *Jugador Dos* – Protección de la jugada

o En línea con el segundo delantero, pero cinco metros más cerca de la portería que su compañero defensivo, para permitirle cubrir a su compañero de equipo y anticipar el pase al otro delantero para marque el gol.

o Comunicación.

o Saber cuándo presionar (cuando se pasa el balón, o si el delantero con el balón sobrepasa al otro defensor).

- *Grupo de Jugadores Tres* - No es el objetivo del simulacro.

- *Jugador Cuatro* - No es el centro del ejercicio.

Organización del simulacro: El portero comienza con el balón. Dos defensas empiezan en el grupo central de la cuadrícula, dos atacantes en el grupo final de la rejilla, el más alejado de la portería.

El guardameta patea el balón a los delanteros. Ellos intentarán crear la oportunidad de anotar.

El Jugador Uno (el más cercano al delantero con el balón), se cierra a la presión y acosa.

El Jugador Dos adopta la posición de cobertura, cubriendo a su compañero de equipo y preparándose para presionar al otro delantero si el balón se le pasa.

Permita veinticinco segundos para que los delanteros hagan un disparo a la portería.

Cambiar a los jugadores de posición.

Desarrollo: El ejercicio puede crecer incrementado el número de jugadores, con 3 vs 3 y 4 vs 4, usando un espacio más grande a medida que los equipos crecen.

Ejercicio Doce - Difícil

Nombre del simulacro: Juego de Enfoque (Movimiento sin la pelota).

Objetivo del simulacro: Para que los jugadores desarrollen movimientos tanto ofensivos como defensivos sin tener posesión del balón.

Espacio requerido: Un espacio pequeño.

Número de Jugadores Involucrados (múltiples espacios pueden ser usados para grupos más grandes): Catorce o Dieciséis (siete por lado u ocho por lado).

Otros recursos: Varias bolas y baberos.

Roles de los Jugadores Involucrados:

• *Todos los jugadores* - Juega un juego normal de pequeño tamaño.

Acciones de los Jugadores Involucrados:

• *Todos los jugadores* - El enfoque del juego es doble:
o Usar movimientos ofensivos y defensivos efectivos sin tener posesión la pelota.
o Cambiar los papeles de los jugadores
o *Habilidades clave de los jugadores involucrados:*
• *Todos los jugadores* - En el contexto de un juego normal:
o Hacer buenas carreras con la pelota;
o Monitorear la trayectoria de la pelota;
o Anticipar jugadas y carreras;
o Comunicarse.

Organización del simulacro: Este es un simulacro conducido por un entrenador. Básicamente, se juega un juego normal. Sin embargo, a los jugadores se les dice que la atención se centra en su movimiento cuando no se encuentran en posesión de la pelota.

El entrenador debe detener el juego regularmente para señalar un buen movimiento sin posesión de la pelota, para preguntar directamente a los jugadores qué están haciendo en un momento determinado del juego, para sugerir movimientos sin dominio de la pelota que se podrían hacer. El objetivo es hacer este aspecto del juego una prioridad en la mente de los jugadores.

Desarrollo: Si los jugadores tienen dificultades, especialmente los equipos más jóvenes y menos experimentados, el entrenador puede proporcionarles movimientos fijos. Por ejemplo, en la transición él o ella puede instruir a los jugadores a hacer movimientos particulares. Por ejemplo, puede decir: "Cuando el balón se intercepta de forma centralizada en la mitad defensiva, quienquiera que esté actuando como si fuera un defensa completo en ese momento se aleja y empuja hacia delante".

Cuando el ejercicio está funcionando, y los jugadores están manejando la trayectoria de la pelota y el movimiento sin posesión de esta, el entrenador puede aumentar el número de jugadores hasta 11 vs 11.

Debido a que este tipo de juego suele ser entrecortado, se sugiere que se limite a diez minutos. Si las instalaciones lo permiten, se aconseja grabar el juego y analizar con los jugadores, lo cual puede ayudar a reforzar las habilidades que estamos tratando de cultivar en los jugadores.

Elegir entre pases

Probablemente fue el equipo de Fútbol Total del Ajax, y luego la selección nacional holandesa, los que plantaron que plantó las. Pero los futbolistas de hoy en día tienen que ser capaces de hacerlo todo. Los delanteros tienen que saber defender, los defensores deben transformarse en mediocampistas si fuera necesario.

Y eso significa una expectativa de que cada jugador en la cancha puede encargarse de la pelota. No sólo con precisión, sino seleccionando la opción correcta al pasar. Nos referimos literalmente a todos los jugadores. Incluido el portero. Muchos equipos ahora buscan empezar a jugar desde atrás. Ya no es suficiente que el guardameta pueda patear el balón, dos tercios de la longitud del terreno de juego en el mejor de los casos. Sí este tiro resulta en una pérdida de posesión puede que el equipo no recupere dominio sobre el balón durante otros treinta pases, cuando nos enfrentamos a un oponente formidable.

Por lo tanto, incluso el portero debe ser capaz de recibir un pase, ejecutar un pase corto y también golpear pelotas largas, a menudo diagonales, para que el juego se mueva más arriba en el terreno de juego. El Manchester City, actual campeón de la Premier League inglesa y favorito para la Liga de Campeones 2018-19, vio a su entrenador (Pep Guardiola) descartar al guardameta inglés, Joe Hart, por considerar que la distribución de habilidades del jugador no era lo suficientemente buena. Al incorporar al brasileño Everson, Guardiola añadió otra dimensión a su equipo, permitiendo que su equipo se convierta efectivamente en el 11 vs 10 en el momento de la posesión del balón. Otros equipos están ahora siguiendo el ejemplo. Jordan Pickford, a los ojos de muchos, el mejor guardameta de la reciente Copa Mundial fue seleccionado por delante de dos delanteros de igual talento debido a su habilidad para realizar pases.

Es por esto, que son los jugadores que dominan los pases, los que convierten en la defensa en ataque, los que penetran en la línea de fondo del rival con un ángulo imposible y una entrega perfectamente ponderada, y a lo que debemos aspirar.

Pensemos en David Silva o Mesut Ozil. Entonces, ¿qué es lo que hace que un jugador sea excelente pasando la pelota?

Capacidad técnica;

Excelente primer toque;

Buena comunicación;

Fuerza de carácter;

Y, por supuesto, inteligencia futbolística. Tal vez, en este escenario, podríamos llamarlo visión.

Pero seleccionar el pase correcto es más que un simple instinto. Al igual que en todos los demás aspectos del fútbol, la práctica y la aplicación de la teoría dan como resultado el mejor pase.

Un gran pase sólo funciona si el destinatario está alineado con el final de este. Por lo tanto, los siguientes consejos sobre los atributos anteriores pueden ayudar a mejorar la eficacia de los pases.

Capacidad técnica

Aunque este libro no está diseñado para tratar este aspecto del rendimiento de un jugador, los mejores jugadores se sienten cómodos con ambos pies. Pueden controlar el balón en el espacio con su primer toque, dándoles el tiempo necesario, pueden entregar pases cortos, largos, con el empeine y fuera del pie. En otras palabras, el rango completo.

Buena comunicación

Hacen saber a sus compañeros su intención y responden rápidamente a la orientación de los miembros de su equipo. A veces, los comentaristas hablan de comunicación telepática entre, digamos, un número 10 y un delantero central. Pero no es telepatía; es práctica y tiempo jugando juntos, buena comunicación, un primer toque que da tiempo para el pase decisivo a seguir y la habilidad técnica para medir el pase según se requiera. Todas estas habilidades pueden ser adquiridas a través de la práctica.

Fuerza de carácter

Los jugadores encargados de ejecutar los pases deben ser valientes. Sensibles también, pero los mejores en este ámbito se arriesgan. El pase corto, lateral o hacia atrás retendrá la posesión, lo cual es importante, pero en algún momento (idealmente, inmediatamente durante la fase de transición, cuando la posesión cambia de equipo) el pase que permite anotar necesita ser entregado.

Si cada uno de estos pases se produjera exitosamente, entonces ambos equipos anotarían en cifras dobles regularmente. Así que tiene que haber una disposición para arriesgar la aprobación de los compañeros de equipo y de la multitud porque no todos los pases funcionarán, y a veces habría sido mejor optar por lo seguro.

Pero, los mejores al hacer pases son los ganadores de los partidos, y por definición, los ganadores de los partidos son los que toman riesgos.

Ejercicios para mejorar los pases inteligentes

Los ejercicios que consideraremos en esta sección se centran en la selección de pases, más que en las habilidades técnicas para hacer un pase.

Ejercicio Trece - Moderado

Nombre del simulacro: Compruebe atrás y pase.

Objetivo del simulacro: Crear la oportunidad de un pase decisivo alejando el espacio de la defensa.

Espacio requerido: Medio lanzamiento. Se colocan dos conos a 3 metros de distancia, el más lejano en la esquina del área penal. El otro está a 3 metros a lo largo del borde del área penal.

Número de Jugadores Involucrados (múltiples espacios pueden ser usados para grupos más grandes): Cinco.

Otros recursos: 1 x bolas, 2 x conos.

Roles de los Jugadores Involucrados:

- *Jugador Uno* - El.
- *Jugador Dos* - El Pateador
- *Jugador Tres* - El Corredor.
- *Jugador Cuatro* - El Defensor.
- *Jugador Cinco* - El portero.

Acciones de los Jugadores Involucrados:

- *Jugador Uno* - Comienza en el borde de la D central, y juega un pase al Jugador Dos. El Jugador Uno se pone en marcha con una carrera hacia adelante. Recibe el pase de regreso, da el primer toque al espacio y pasa con el empeine en ángulo a través de los dos conos, para que el Jugador Tres pueda correr hacia él.
- *Jugador Dos* - Comienza en el borde del área penal D. Se acerca al Jugador Uno, a la casilla, y hace un pase con uno o dos toques al Jugador Uno. Luego se va al lado opuesto del área penal como Jugador Tres.

- *Jugador Tres* - Comienza en la línea con el Jugador Uno. Hace una carrera fuera del cono. Termina con un tiro o un cruce cuando recibe la pelota.
- *Jugador Cuatro* – Ejerce presión sobre el Jugador Dos, y trata de monitorear su carrera.
- *Jugador Cinco* - Portero.

Habilidades clave de los jugadores involucrados:

- *Jugador Uno*
  o Paso firme con el empeine;
  o Buen primer contacto en el espacio;
  o Buenas dimensiones del pase final.
- *Jugador Dos* - Debe dejar caer la pelota con precisión y control.
- *Jugador Tres* – Cronometra su carrera para llegar al final del pase que atraviesa el simulacro. Patea con fuerza, o cruza con precisión, lejos del portero.
- *Jugadores Cuatro y Cinco* - No es relevante para este ejercicio.

Organización del simulacro: El Jugador Uno comienza con la pelota y se la facilita al Jugador Dos. El Jugador Uno recibe un pase de regreso y luego coloca un pase en un ángulo para el Jugador Tres en carrera, quien trata de anotar ya sea con un tiro o con un pase cruzado al Jugador Dos.

Desarrollo: El simulacro comienza con un pase con el empeine, que es el más fácil de medir y controlar. El ejercicio se puede desarrollar haciendo que el jugador uno pruebe diferentes tipos de pases, incluyendo pases en picada para que el jugador del extremo corra hacia él, o pases con la parte exterior del pie.

Ejercicio Catorce - Moderado

Nombre del simulacro: Pase en reversa.

Objetivo del simulacro: Crear espacio para un compañero de equipo con un pase en reversa o un pase disimulado.

Espacio requerido: 3 x 3 Rejillas de 10 x 10 metros, con conos marcando la rejilla central, uno en cada esquina.

Número de Jugadores Involucrados (se pueden usar múltiples espacios para grupos más grandes): Cinco.

Otros recursos: 1 x bola, 4 x conos (para marcar la rejilla central.

Roles de los Jugadores Involucrados:

- *Grupo de Jugadores Uno* – Pateadores
- *Jugador Dos* - Defensor.

Acciones de los Jugadores Involucrados:

- *Grupo Uno de Jugadores* - Los jugadores comienzan en un lado de cada casilla. Se mueven a lo largo con el objetivo de crear espacio y un ángulo para un pase. El jugador con el balón buscará pasar el balón a través de la casilla central para un compañero de equipo. Para que el simulacro sea realista, y para evitar que el defensor sepa qué pase se va a entregar, el pase puede ser de cualquier tipo, aunque sea el pase inverso el que estamos practicando.
- *Jugador Dos* - Está en la casilla del medio, y apunta a interceptar el pase.

Habilidades clave de los jugadores involucrados:

- *Grupo de Jugadores Uno -*
  o El pase en reversa. El jugador regatea. El jugador se forma para pasar en la dirección de la marcha, usando el empeine.

o En el último minuto, envuelve su pie alrededor de la pelota para traerla de vuelta en contra de la dirección de la marcha.

o El jugador disfraza el pase usando los ojos para mirar en el recorrido esperado del pase.

o El jugador deja caer el hombro sobre el pie que pasa en el último momento, para evitar que el pase sea visto.

- *Jugador Dos* - No es el objetivo de este simulacro.

Organización del simulacro: Es un simulacro fácil de instalar, pero más difícil de ejecutar. Los jugadores en el exterior de la cuadrícula simplemente pasan el balón a través de la casilla central defensiva, usando el pase inverso a veces para disfrazar el pase lejos del defensor.

El jugador que pasará el balón debe estar en movimiento cuando entregue el pase.

Desarrollo: Si a los jugadores les está costando perfeccionar la técnica, el ejercicio puede ejecutarse un defensor. Hacer la rejilla central más pequeña requiere que el pase sea más agudo y disimulado.

Ejercicio Quince - Difícil

Nombre del simulacro: Pase a través del espacio durante la vuelta

Objetivo del simulacro: Entregar un pase a través de la cancha al dar la vuelta a un jugador que hace una carrera por el lado ciego

Espacio requerido: Rejillas de 4 x (10 x 10) metros.

Número de Jugadores Involucrados (múltiples espacios pueden ser usados para grupos más grandes): Cinco.

Otros recursos: 1 x bola, cinco conos. Cuatro de los conos se extienden a intervalos de 5 metros en la línea que marca el tercer y cuarto juego de rejillas. Comienzan a 5 metros de la línea. Representan a los defensores estáticos. El quinto cono se encuentra un metro más adelante, en la fila tres de la rejilla, y entre los conos 2 y 3. Esto representa al jugador que marca al Jugador Dos. El arco está más allá de las rejillas.

Roles de los Jugadores Involucrados:

- *Jugador Uno* - Alimentador.
- *Jugador Dos* – Pateador
- *Grupo de Jugadores Tres* - Corredores.

- Jugador Cuatro - Portero.

Acciones de los Jugadores Involucrados:

- *Jugador Uno* - Comienza al extremo más lejano de las cuadrículas, posicionándose en el centro. Pasa el balón con firmeza a los pies del jugador dos, y luego continúa una carrera de apoyo.
- *Jugador Dos* - Este jugador comienza al lado de su de cono/defensa. Se mueve hacia la pelota girando a medias. Hacen un primer toque con la parte exterior de su pie, creando un giro. Luego pasan el balón, con el ángulo correcto, a uno de los compañeros de equipo del Grupo de Jugadores Tres.
- *Grupo de Jugadores Tres* - Comienzan en las esquinas exteriores de las líneas entre las filas uno y dos de la cuadrícula. Rompen la formación en el punto ciego de los defensores estáticos para correr hacia el balón en movimiento y disparar al arco
- *Jugador Cuatro* - Portero.

Habilidades clave de los jugadores involucrados:

- *Jugador Uno* - Primer pase firme y preciso a los pies.
- *Jugador Dos* - Es el jugador principal en el ejercicio.

○ Debe moverse hacia el jugador uno, con el peso hacia adelante, las rodillas dobladas y el hombro hacia el pase.

○ Debe dar un toque controlado con el exterior del pie en el espacio para permitir el giro.

○ Medir el pase entre los defensores para los delanteros.

- *Grupo de Jugadores Tres:*

○ Cronometrar su carrera para llegar al pase

○ Comunicar donde quieren el pase.

○ Terminar con un tiro.

- *Jugador Cuatro* - No es el centro del ejercicio.

Organización del simulacro: El ejercicio funciona como se indica arriba. Los jugadores pueden rotar después de cada carrera. El reto es conseguir que el peso del pase del Jugador Dos sea el correcto, porque estarán corriendo hacia el pase que dan y, por lo tanto, podrían golpear de más.

Desarrollo: Utilice defensores reales, en lugar de estáticos.

Además, el jugador 2 puede regatear después del turno y luego usar el pase inverso para disfrazar su entrega al compañero de equipo.

Ejercicio Dieciséis - Moderado

Nombre del simulacro: Pase por detrás.

Objetivo del simulacro: Hacer un pase a través del espacio para que el delantero pueda girar.

Espacio requerido: Medio campo con portería, el ancho del área penal.

Número de Jugadores Involucrados (múltiples espacios pueden ser usados para grupos más grandes): Cuatro.

Otros recursos: 1 x bola.

Roles de los Jugadores Involucrados:

- *Jugador Uno* – Pateador
- *Jugador Dos* -. Delantero
- *Jugador Tres* - Defensor.
- *Jugador Cuatro* - Portero.

Acciones de los Jugadores Involucrados:

• *Jugador Uno* - Comienza en la línea de mitad del campo Luego regatea alrededor de 5-10 metros y lanza un pase al espacio siguiendo las instrucciones del jugador dos.

• *Jugador Dos* - Empieza en el borde de la línea de defensa. Se mueve hacia la pelota, indica dónde quieren el pase, da vueltas y dispara.

• *Jugador Tres* - Defensor, intenta permanecer cerca del delantero (Jugador Dos).

• *Jugador Cuatro* - Portero.

Habilidades clave de los jugadores involucrados:

• *Jugador Uno* - Ponderación del pase en el espacio.

• Darle un ángulo al pase que impida que el balón llegue hasta el portero.

• Se puede usar el empeine o la parte exterior del pie. Un pase con el exterior del pie y dentro del camino defensor, girará hacia la carrera del delantero, sacando al defensor del juego, pero es difícil de lograr.

• *Jugador Dos* -

o Consiguiendo la posición correcta del cuerpo para hacer girar al defensor. (Ver capítulo anterior).

o Comunicarse con el Jugador Uno y posicionar la pelota donde la necesita.

- Acelerando hacia la pelota y logrando el tiro
- *Jugador Tres y Cuatro* - No es el centro del ejercicio.

Organización del simulacro: El Jugador Uno puede correr a diferentes velocidades y ángulos. Esto crea la oportunidad para diferentes tipos de pases en el espacio detrás del defensor. El Jugador Dos debe practicar a veces girando hacia su lado más débil, o será fácil defenderse de ellos.

Los jugadores pueden rotar después de cada carrera.

Desarrollo: Aumentar el número de jugadores a tres atacantes y dos defensores (más un guardameta) hace que el ejercicio sea más realista para la situación del juego.

Predecir el paso del oponente

Hemos hablado de algunos de los grandes defensores del fútbol. Sin embargo, el futbol moderno se ha adaptado de los días de los grandes de los que hemos hablado.

Hoy en día, se espera que cada jugador realice tareas defensivas, así como ofensivas. Es a través de este trabajo defensivo eficaz que los jugadores pueden mejorar su anticipación de un pase, y aumentar su capacidad de intercepción.

Hay dos reglas simples a seguir. El jugador más cercano siempre debe presionar la pelota, pero el resto del equipo toma una decisión. Si el balón está bajo el control del adversario, y el jugador tiene tiempo y espacio, entonces el equipo detiene la ofensiva. Esto reduce el espacio en el tercio atacante crucial del oponente, lo que significa que hay una buena posibilidad de que el ataque se rompa, a través de la intercepción, el mal control o al derribar al jugador con el balón cuando este entra en el área mencionada. También significa que no hay espacio para que los jugadores se encuentren detrás de la defensa.

Sin embargo, si el jugador en posesión está bajo presión, y más aún si hay pocas opciones de pase, entonces defensivamente el equipo debe presionar, estrechando el espacio más arriba en la cancha. Esto resultar en la posible predicción del siguiente pase (si sólo hay un jugador libre, entonces, es muy probable que ahí sea donde el pase irá) y por lo tanto más fácil de interceptar.

Un buen ejemplo de esto fue durante la final de la Liga de Campeones de 2018. Cuando el Liverpool presionó el mediocampo del Real, la única opción que le quedaba era un balón que se desbordaba por encima de la cabeza, y que el guardameta reclamó con facilidad. El hecho de que lanzaran el balón contra Karim Benzema, y que lo desviara a la red (¡miren la portería si no la han visto!), es algo que ningún entrenador podría planear. Más adelante, la falta de presión de los jugadores llevó a un balón de campo cruzado a Marcello. Esto le dio al defensor espacio para hacer un centro preciso y, de nuevo, como sabrán los que lo han visto, le siguió uno de los mejores finales de la historia del fútbol.

Curiosamente, ambos equipos en la final de la Copa del Mundo de 2018, Croacia y Francia, estaban tan bien entrenados defensivamente que todos los seis goles fueron tiros largos, errores de una sola ofensiva o a balón parado. Consigue un equipo que defienda bien y que se reúna, y los rivales no tendrán manera de marcar.

Los siguientes ejercicios funcionan en las jugadas defensivas, lo que aumenta las posibilidades de interceptación, o de que un equipo recupere la posesión.

Ejercicios para mejorar la intercepción de un pase

Ejercicio Diecisiete

Nombre del simulacro: Cerrando desde el frente.

Objetivo del simulacro: Forzar una intercepción o un pase largo y prometedor presionando desde el frente.

Espacio requerido: Rejillas de 3 x 2; 10 x 10 metros.

Número de Jugadores Involucrados (múltiples espacios pueden ser usados para grupos más grandes): Nueve.

Otros recursos: 1 x pelota, baberos para marcar a dos equipos. Cuatro conos, uno en cada esquina de la rejilla.

Roles de los Jugadores Involucrados:

- *Grupo Uno de Jugadores* – Tiene posesión del balón al inicio.
- *Grupo de Jugadores Dos* - Tres jugadores para cerrar.
- *Jugador Tres* - Jugador para dejar.
- *Jugador Cuatro* - Alimentador.

Acciones de los Jugadores Involucrados:

- *Grupo Uno del Jugador* - Comienza en el extremo opuesto al alimentador. Empiezan por uno de los conos, corra junto al cono opuesto (al lado del alimentador). Luego deben tratar de jugar cruzando el otro extremo del cono con la pelota bajo control.
- *Grupo de Jugadores Dos* - Tres jugadores. Comienzan desde la esquina opuesta al primer grupo. Corren hacia el cono opuesto y luego se abren en abanico para presionar a los jugadores en posesión.
- *Jugador Tres* - Este jugador sale con sus compañeros de equipo, pero al llegar al campo, se queda atrás para recoger el pase de intercepción.
- *Jugador Cuatro* - El alimentador juega el primer pase al Grupo Uno, luego se retira del ejercicio

Habilidades clave de los jugadores involucrados:
- *Grupo Uno del Jugador* - No es el foco del simulacro.
- *Grupo de Jugadores Dos* -

o Trabajar colectivamente para presionar al jugador en dominio de la pelota, limitando las opciones de pase.

o Comunicarse con el fin de asegurar que el oponente "libre" pueda siempre marcarse rápidamente.

o Mantenga una posición correcta y lateral del cuerpo para asegurarse de que pueda girar y reaccionar rápidamente.

- *Jugador Tres* – Se queda 10 metros detrás del jugador que presiona. Se mueve a través del campo a aproximadamente 30 grados de la pelota, para interceptar el pase. Se convierte en el jugador que presiona si la bola se desplaza de par en par, intercambiando de papel con el jugador que presiona por el lado opuesto.

o Por lo tanto, la habilidad consiste siempre en leer el juego, anticipando y analizando las posiciones de los jugadores de la oposición y de la presión a la que están sometidos, hacia dónde se dirigirá el pase.

Organización del simulacro: El simulacro comienza con ambos equipos corriendo hacia esquinas opuestas del terreno de juego, de modo que tienen que trabajar para ponerse en posición. El entrenador debe fomentar la comunicación. Los bandos cambian de papel cuando cambia la posesión, sí se derriba al jugador en dominio de la pelota o el balón sale del área de juego.

Desarrollo: El juego puede extenderse si el equipo atacante gana un par de defensores y el grupo defensivo un par de atacantes. En última instancia, el simulacro puede convertirse en una práctica de emparejamiento.

Ejercicio Dieciocho - Difícil

Nombre del simulacro: Actuar como CDM (centrocampista defensivo central) y efectuar cortes a través de la trayectoria del balón.

Objetivo del simulacro: Desempeñar el papel de centrocampista defensivo de forma eficaz.

Espacio requerido: Toda la cancha

Número de Jugadores Involucrados (se pueden usar múltiples espacios para grupos más grandes): 7 vs 7 hasta 11 vs 11.

Otros recursos: 1 x pelota, baberos para crear dos equipos.

Roles de los Jugadores Involucrados: Para este ejercicio, se juega un juego normal con el entrenador concentrándose en la efectividad de los jugadores CDM.

- *CDM* – Su finalidad es asegurar que los ataques no penetren a través del centro del campo.

Acciones de los Jugadores Involucrados:

- *CDM* - Cubre el área central del campo, cubriendo a los defensores si se salen de su posición, y monitorea las carreras de los jugadores, aunque no posean el balón.

Habilidades clave de los jugadores involucrados:

o *CDM* Comunicándose con los cuatro jugadores posteriores
o Disciplina posicional - permanecer central y detrás del resto del mediocampo (o asegurarse de que otro jugador lo cubra si el avanza).
o Pasar el balón rápidamente en la transición, idealmente hacia adelante, para iniciar los ataques.
o Habilidades y anticipación de un buen pase (según otros ejercicios).

Organización del simulacro: Debido a que el papel del CDM es muy fluido, es mejor practicarlo en una situación de partido. Mientras que las habilidades individuales - tacleando, interceptando, pases, seguimiento de las carreras pueden ser trabajadas de forma aislada, es gracias a la fluidez en una situación de juego lo que asistirá al jugador en su aprendizaje y progreso.

El entrenador debe detener el juego, o hablar con los CDMs regularmente, identificando el buen y el mal juego. El soporte de vídeo es útil si está a mano.

Desarrollo: Diferentes formaciones para incluir 2 x CDM.

Ejercicio Diecinueve - Fácil

Nombre del simulacro: Central Defenders - Cuándo dejar la jugada.

Objetivo del simulacro: Mejorar la toma de decisiones sobre cuándo dejar de presionar, para mejorar la probabilidad de interceptar balones en movimiento.

Espacio requerido: Media cancha

Número de Jugadores Involucrados (múltiples espacios pueden ser usados para grupos más grandes): Nueve.

Otros recursos: 6 x pelotas, dos líneas de conos, baberos para los equipos. Los conos forman dos líneas que atraviesan el campo. El más avanzado se sitúa a dos tercios de la distancia entre el borde del área penal y la línea de mitad de cancha. Esta es la línea avanzada. (Dependiendo de la velocidad de los defensores, el ritmo de la oposición, etc.) esta línea podría estar más adelantada. La segunda línea es la línea profunda, y corre a nivel con el ápice de la línea de defensa.

Roles de los Jugadores Involucrados:

- *Grupo de Jugadores Uno* – Cuatro jugadores posteriores (o puede ser un tres o cinco, dependiendo de la formación).
- *Grupo de Jugadores Dos* - Dos atacantes.
- *Jugador Tres* – Pateador
- *Jugador 4* –Aplica presión.
- *Jugador Cinco* - Portero.

Acciones de los Jugadores Involucrados:

- *Grupo de Jugadores Uno* - La división trasera trabaja al unísono. Los dos lomos centrales deben estar cerca, uno ligeramente más profundo. Este es el líder del grupo. Los dos respaldos completos en línea con el respaldo central avanzado. La división de posterior comienza en la línea avanzada de conos defensivos.

- *Grupo de Jugadores Dos* - Dos delanteros que avanzan poco, giran hacia atrás y generalmente intentan un tiro al arco.
- *Jugador Tres* - Intenta un pase a los pies, más allá de la defensa y así sucesivamente. Puede unirse al ataque una vez que se haya hecho el pase inicial. A veces, este jugador puede regatear en los cuatro jugadores posteriores.
- *Jugador Cuatro* - A veces se utiliza el jugador que aplica presión y a veces no.
- *Jugador Cinco* - Portero.

Habilidades clave de los jugadores involucrados:

- *Grupo de Jugadores Uno* -
  - Comunicación;
  - Rastreado de carreras
  - Moverse juntos si se juega desde el lado.
  - Decidir cuándo desplazarse hacia la parte profunda de la cancha.

- *Grupo de Jugadores Dos* - Estos jugadores intentan crear la oportunidad de un tiro al arco.

- *Jugador Tres* - El Pateador decide cuándo pasar rápidamente, corto, largo y cuándo regatear. El entrenador podría desempeñar este papel, ya que entonces podrá trabajar en las debilidades específicas en la defensa.

- *Jugador Cuatro* - El entrenador dirá cuándo quiere que la presión sea fuerte, débil o inexistente.

- *Jugador Cinco* - El guardameta es importante en este ejercicio. La habilidad más relevante en este ejercicio es el posicionamiento; cuándo ir a por el balón, dejarse caer por un pase de vuelta, cuándo posicionarse para un tiro, etc. La comunicación también es importante.

Organización del simulacro: El Jugador Tres comienza con el balón dentro de la otra mitad de la cancha. El entrenador decide si habrá presión sobre el balón y cuánto. El Jugador Tres busca regatear o pasar el balón para crear oportunidades para el Grupo Dos. El Grupo de Jugadores Uno toma la decisión de presionar hacia adelante - presión sobre el balón, mayor posibilidad de intercepción; o retroceder a la línea profunda, para hacer un pase difícil por detrás de la defensa (el guardameta debe encargarse de balones de este tipo

Si el balón se juega por detrás, la defensa debe girar y desviarse hacia el balón, manteniendo su formación. El defensor debe estar al tanto de cualquier corredor que se haya rezagado.

Desarrollo: Añade un CDM y un centrocampista atacante para romper la formación más allá de los delanteros. CDM y los mediocampistas centrales determinan quién seguirá a este jugador.

Ejercicio Veinte - Difícil

Nombre del ejercicio: Defendiendo como un equipo.

Objetivo del simulacro: Defender como un equipo para ganar la posesión.

Espacio requerido: Toda la cancha

Número de Jugadores Involucrados (se pueden usar múltiples espacios para grupos más grandes): 11 vs 11 (o el número de jugadores que sean los lados completos para el grupo de edad).

Otros recursos 8 bolas, conos de colores, baberos para formar dos equipos. Los conos se colocan alrededor de la parte exterior del campo para que el entrenador pueda dirigir a los jugadores a la posición correcta, por ejemplo, Defensa en línea con el cono rojo".

Organización del simulacro: El simulacro está diseñado para desarrollar habilidades defensivas. Las jugadas comienzan con una bola muerta. Esta puede ser para cualquiera de los últimos cinco jugadores incluyendo al arquero, o el CDM. El equipo toma la decisión de dónde presionar y cuándo dejar de hacerlo. Desde cada posición, y en función del nivel de presión que el entrenador decida, el equipo establece su formación. Por ejemplo, una patada larga de las manos desde el guardameta – la línea defensiva debe avanzar conforme se patea el balón, a menos que su equipo este atacando el balón. CDM para ponerse delante del atacante al que va dirigido el balón.

Si se hacen pases cortos atrás: la presión debe ser aplicada por los jugadores delanteros. Línea defensiva avanza. El mediocampista cubre el espacio.

Si los oponentes atacan en la brecha a través del mediocampo: CDM intenta marcar. Los jugadores están atentos a jugadores que se aproximen por el lado ciego. Otros jugadores que fueron atrapados en el ataque intentan volver a la siguiente fase.

El entrenador establece estas situaciones, y luego las juega, analizando las jugadas que se producen.

Desarrollo: El juego es artificial, en el sentido de que el entrenador decide el punto de partida, y sólo se juega esa fase del juego, antes de que empiece otra. El desarrollo consiste en probar la defensa del equipo en una situación de partido real. Esto permite convertir la defensa en ataque durante la fase de transición.

Bonus - El mejor simulacro de todos los tiempos

Ejercicio Veintiuno - Difícil: El simulacro definitivo para todas las habilidades de Soccer Intelligence

Nombre de Drill: Zonas triples.

Objetivo del simulacro: Mantener la posesión empleando un excelente primer toque en el espacio, además de pases cortos y largos. También interceptar la posesión presionando y anticipando pases.

Espacio requerido: Tres rejillas rectangulares de 25 metros de ancho por 10 metros de profundidad. El ejercicio funciona bien dividiendo la mitad de un paso en tres 'tiras' iguales. Cada cuadrícula rectangular se llama zona, con las zonas 1 y 3 en los extremos y la zona 2 en el centro.

Número de Jugadores Involucrados (múltiples espacios pueden ser usados para grupos más grandes): Quince a dieciocho.

Otros recursos: 1 x pelota; 3 x juegos de baberos, un juego por cada equipo de cinco.

Roles de los Jugadores Involucrados:

• *Grupo de Jugadores Uno* - Mantener la posesión, y enviarla a los compañeros de equipo temporales de la zona tres.

• *Grupo de Jugadores Dos* - Presionar e interceptar la pelota a medida que pasa a través de su zona 2.

• *Grupo de Jugadores Tres* - Recibir pases con buen control y primer toque en el espacio de sus compañeros de equipo temporales en la zona 1.

Acciones de los Jugadores Involucrados:

• *Grupo de Jugadores Uno* - Empieza con la pelota. La pasa dentro del grupo, esquivando al jugador que presiona del Grupo de Jugadores Dos, hasta que el ángulo y la oportunidad sean correctos para un buen pase a la zona 3, sin intercepción en el Grupo Dos.

• *Grupo de Jugadores Dos* - Para estar listos para anticipar pases entre los dos grupos finales en las zonas 1 y 3. Un jugador del Grupo de Jugadores Dos puede entrar en la parrilla donde está la pelota (pero no en la otra parrilla, hasta que la pelota llegue allí). Ese jugador puede cambiar en cualquier momento, pero nunca puede haber más de un jugador en la parrilla final donde se pasa la pelota.

- *Grupo de Jugadores Tres* - Recibe el pase largo desde la zona 1, usando un buen primer toque en el espacio. Luego, busca crear el ángulo correcto para pasar la pelota de vuelta a la zona 1.

Habilidades clave de los jugadores involucrados:

- *Grupo de Jugadores Uno y Tres:*
  o Buen primer contacto en el espacio para asegurar que la posesión es retenida y un pase simple al a un jugador que tenga una mejor posición para hacer el pase largo dado. Tenga en cuenta que algunos pases recibidos serán cortos, otros largos.
  o Crear ángulos para pasadas largas y cortas.
  o Entregar los pases, por tierra para los cortos, mientras que los pases largos pueden estar en el aire si es necesario, teniendo en cuenta que el pasar de esta manera aumenta el riesgo de perder la posesión.
  o Comuníquese para crear la oportunidad de un pase largo decisivo.
  o Anticipar el riesgo de pérdida de posesión, y luego acercarse al jugador que recibe el balón para facilitar su pase.

- *Grupo de Jugadores Dos:*

o Presionando:
- Comunicándose para que el mejor jugador pueda presionar el balón.
- Juzgando cada cuanto debe cambiarse a ese jugador por uno en una mejor posición.
- Trabajo en equipo, ya que el espacio dejado por el jugador que presiona el balón queda libre.
- Anticipación del lugar donde se realizarán los pases para que puedan ser interceptados.

o Interceptando la jugada del otro equipo
- Anticipando cuál será el lugar ideal para lograr el pase largo.
- Cerrar los ángulos para dificultar el pase largo (es decir, cerrar el espacio para un pase largo, de tal manera que el equipo en la zona de anotación tal vez juegue al revés en su parrilla).

Organización del simulacro: Este es un excelente ejercicio que, una vez aprendido, puede ser utilizado para desarrollar realmente el trabajo en equipo y la comunicación, así como la conciencia espacial y la inteligencia futbolística.

La pelota comienza en la zona uno con el Grupo Uno del Jugador. Un jugador del Grupo de Jugadores Dos, basado en la zona dos, puede entrar en la zona uno para intentar ganar el balón, o presionar al grupo para que haga un pase malo que pueda ser interceptado. (Nota: los equipos más jóvenes a menudo pueden intentar predeterminar el papel de los jugadores, por ejemplo: ``Haré el pase largo' o `Iré a desafiar por la pelota". El entrenador necesita animarlos a adaptarse a las circunstancias del simulacro, no a decidir de antemano quién va a desempeñar qué roles.

El Grupo de Jugadores Uno trata de trabajar en equipo para crear el ángulo para pasar la pelota a través o por encima de la zona dos y hacia la zona tres. Si tienen éxito, se anotan un punto.

El Grupo de Jugadores Tres luego intenta tener la pelota bajo control y pasársela al Grupo de Jugadores Uno. Si lo hacen, anotan un punto, aunque un jugador del Grupo de Jugadores Dos se moverá a su zona para tratar de ganar la pelota (Nota: mientras que un pase alto es menos probable que sea interceptado, controlar la recepción de ese pase largo es más difícil). Esto significa que la pelota puede rebotar fuera de la parrilla, o que el jugador presurizado puede hacer derribar al jugador con el balón y sacar la pelota de la parrilla. Se debe animar a los jugadores a desarrollar la habilidad a largo plazo de pasar en el suelo, recurriendo al pase levantado sólo si es necesario.)

Si el balón sale de la parrilla, o es interceptado por el Grupo de Jugadores Dos en la zona 2, entonces el último equipo en jugar el intercambio de balón con el Grupo de Jugadores Dos, se mueve a la zona 2 y se convierte en el defensor.

Jugar el partido con el primero de los tres equipos en anotar veinte puntos funciona bien, y normalmente lleva unos 10 minutos.

Desarrollo: Haciendo la rejilla central más pequeña hace que la broca sea más fácil, pero ampliándola la hace más resistente.

Conclusión

No hay duda de que toda la habilidad del mundo, todo el ritmo, toda la fuerza puede ser anulada por la inteligencia futbolística en la en defensa y mejorada con movimientos inteligentes entre los jugadores delanteros.

Y esa inteligencia no tiene por qué ser innata. Siguiendo los ejercicios que hemos tratado en este libro, y desarrollándolos en prácticas que se adaptan a las situaciones de su propio equipo, podemos inculcar inteligencia futbolística en cualquier jugador.

Pedimos que los entrenadores simplemente soliciten a sus equipos:

- Practicar técnicas para que podamos utilizar nuestra inteligencia de la mejor manera posible. No es útil idear un pase si no puede ejecutarlo.
- Asegurar la buena forma física. Cuando el cuerpo está cansado, el cerebro se vuelve menos eficiente.

- Comunicarse. No es bueno tener un movimiento brillante en mente si nadie más sabe lo que hay en nuestra cabeza.
- Manténgalo simple. En posesión, crear espacio, fuera de posesión, cerrarlo.

Los mejores equipos y jugadores están llenos de inteligencia futbolística, y no hay nada malo en aprender de los mejores.

El final.... ¡casi!

Las críticas no son fáciles de conseguir.

Como autor independiente con un pequeño presupuesto de marketing, confío en que los lectores, como ustedes, dejen una breve reseña sobre Amazon.

¡Incluso si es sólo una frase o dos!

Así que, si te gustó el libro, por favor dirígete a la página del producto, y deja una reseña como se muestra a continuación.

Estoy muy agradecido por su opinión, ya que realmente marca una diferencia.

Gracias de todo corazón por comprar este libro y leerlo hasta el final.

www.ingramcontent.com/pod-product-compliance
Lightning Source LLC
Chambersburg PA
CBHW071234080526
44587CB00013BA/1612